漫画から学ぶ生きる力 災害編

もくじ

タイトル＆著者さくいん（五十音順）

巻頭特集

しりあがり寿先生に聞く!!

漫画から読み解く“生きる力”

しりあがり寿

1958年静岡市生まれ。1981年多摩美術大学卒業。1985年に漫画家デビュー。2000年『時事おやじ2000』（アスペクト）、『ゆるゆるオヤジ』（文藝春秋）で第46回文藝春秋漫画賞受賞。2001年『弥次喜多 in DEEP』（KADOKAWA）で第5回手塚治虫文化賞 マンガ優秀賞受賞。2011年『あの日からのマンガ』（KADOKAWA）で第15回文化庁メディア芸術祭マンガ部門優秀賞受賞。2013年『赤城乳業 BLACK シリーズ』で第50回ギャラクシー賞CM部門優秀賞、第53回ACC賞テレビCM部門ACCシルバーを受賞。2014年には平成26年春の叙勲紫綬褒章受章。

しりあがり寿先生は、朝日新聞の夕刊に『地球防衛家のヒトビト』という4コマ漫画を連載しています。新聞の4コマ漫画は〝世相を映す〟とか〝風刺〟といった役割を昔からになってきました。また2016年には練馬美術館で美術展を開催するなど漫画の枠をとびこえた活動もされています。今回はそのあたりもふまえてお話をお聞きします。

ボクは、人々の気持ちや様子を切り取り、マンガとして物語化する

——まずは2011年の東日本大震災と福島第一原子力発電所の事故をふりかえっていただければと思います。被災地には約一カ月後に入られたそうですが……。

現地でまず感じたのは、災害のスケールのけたちがいの大きさです。はるか先までがれきの山が続いていて本当におどろきました。うかがった避難所の人達は子ども達をふくめ、いろんな方がいて、さまざまな体験をされていて……。どうしても被災者をひとつのイメージで考えちゃうけど、実際に見てあれだけ被害のはばが広いと、とてもひとつにはくくれない、被害者の数だけ被害があって簡単に結論づけられない感じがしました。

——震災後、何がおきたのか現地取材して、その様子を描く漫画がたくさん発表されました。先生は4コマ漫画で、被災地ではないどこかに住む人々が震災後の日常生活で、何を見て何を感じたかを描いています。

野球漫画を連載してる方なら、それを描き続けるだろうし、ボクは新聞で毎日1本4コマ漫画を描くのが役割です。本人の能力や考えというより、その時、置かれたそれぞれの立場で、やるべきことをやるんですよ。新聞の社会面に掲載されているとはいえ、地震のしくみや放射能の被害、原発の是非など正確に説明したり判断できる力はありませんし、ボクにやれることは、あんなことがおこった時に、人々がどうしていたかを自分の視野に入る範囲で描きとめることだけでした。

——4コマ漫画以外の普通の漫画も

多数発表し、こちらは文学的、観念的表現で、フィクションストーリー主体です。

結局現実をどのように記録するかですね。これは現実をどう切り取るかでまったくちがってきます。漫画の内容はいかようにも変化します。震災直後のあの時、短期間に状況がすごく変わりましたので、それをどう漫画にまとめるか、どんなお話が必要なのか、それがファンタジーでもギャグでも、しんみりした話でもなんでも、その時に一番ふさわしい話を描きたいなと思うんです。

——後々、テーマが「地震」や「津波」から、「原発事故が日常生活にどう影響したか」にシフトしたように見えます。これは原発に対する不安感が、とても強くなっていったということなのでしょうか。

事故直後は東京にいて、その約一カ月後に岩手に行きました。正直、岩手にいる時の方が安心していた部分があります。次は東京に大地震が来そうな感じとか、何より原発の問題があったので、正直もうピリピリしてましたね。神戸の大学で教えていたので、引っ越しも考えて、アパートの家賃を調べたりもしました。まかりまちがえばどうなっていたことか。だからボクはずーっと、〝不安感〟を描いているつもりなんです。でも、原発や地震だけでなく、他の危機も多々あるし、老後だとか、格差が広がっている感じとか、子どもがいないとか、僕のまわりでもそういう不安が大きくなってきているんじゃないかなと感じています。

——今までの社会の仕組み、生活が少しずつくずれていくような感じでしょうか。

ただ、世界に目を向ければ、もっと厳しい生活に見える所もあります。でもそういう所でも普通に泣いたり笑ったりしながら生きているんです。2014年にアフリカの電気もガスも水道も来てない所に行って、一泊させていただきましたが、正直ボクはいやだったんです。地べたに寝て、でっかいゴキブリみたいなのも出たし、トイレも大変で耐えられないなと思ったけど、でもみんな楽しそうに生活しているんです。だって生まれた時からそこで暮らしているわけですから。だから、日本は今までとても豊かな生活をしていたかもしれないけど、これが少しずつ失われていったとしても、急に滅びるとかではなくて、ただ自然に受け入れていくだけというか……。

——なるようになると開き直る気持ちや覚悟が必要ということでしょうか?

そういう面とそうでない面と両方必要で、楽観的すぎて打てる手も打たないのも良くない。それじゃどこまでもダメになっちゃう。泊めてくれた家は、きっとその辺りでは裕福な方なんじゃないかな。自分でつくった太陽光発電設備もあって。でもご主人がね、時々電気がつかなくなると機嫌が悪くなるのよ、お客が来てるのにって。

——プライドですね。それも大事ですよね。ちなみにアフリカのどのあたりだったのでしょうか？

ウガンダ、ケニア、タンザニア、アフリカ大陸の東側になるかな。そ

▲風化していく3.11の記憶を風刺したコマ。

[出典]『あの日からの憂鬱』著：しりあがり寿 発行：KADOKAWA（初出『TV Bros.』はなくそ時評 2013.3/2013.3 東京ニュース通信社）より

◀がれきは片づいたものの、何もない町。復興はまだまだ遠い。

［出典］『あの日からの憂鬱』 著：しりあがり寿
発行：KADOKAWA　より

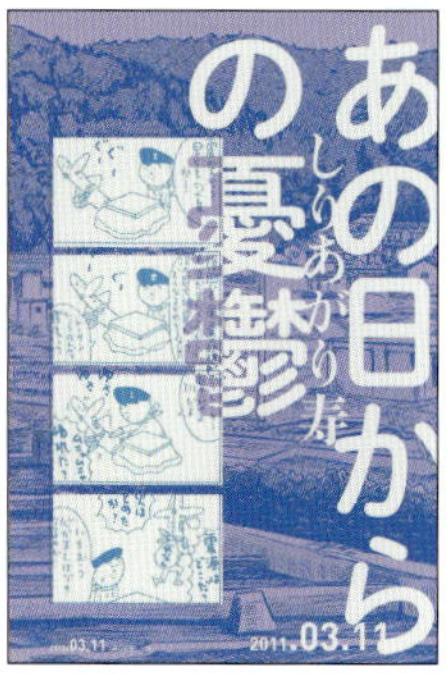

『あの日からの憂鬱』
著：しりあがり寿
発行：KADOKAWA
『あの日からのマンガ』の続編。東日本大震災の4年後に刊行された。

の時、エボラ出血熱が流行っていて、家族には反対されました。主に流行っていたのは西の方だし、現地に詳しい人が「いいところですよ〜」っていうからつい。

——新聞の連載は、描いたらすぐに掲載されるのでしょうか。

常に2〜3本のストックを保ちつつ、週2回くらいわたしていく感じです。

——では、「事件発生!」から、「新聞に載る」まで時間差はあまりなく、リアルタイムにその時の世相を漫画に残しているんですね。原発事故の時は3日後くらいには……。

地震が金曜におきて、掲載は月曜かな。当時の菅直人総理大臣の外国人献金問題を描いてました。あれは土曜日に掲載されたのかな? 一番大変な時に、のんきなネタを載せちゃったかなぁ。

——渋谷にある仕事場は激しくゆれました?

ウチは本棚もたおれず、本も落ちなかったし、最初は「ちょっと長いな……」程度だと思っていたのですが、テレビをつけてじょじょに様子がわかって、おどろいたという感じです。

——さて、本作を見ると〝自分で見て、自分で考える〟ことの大切さが読み取れます。

そう、でも好きな情報だけを集めてしまうという問題もある。ボクも原発事故の時、ボクなりに原発や放射能など勉強したけど、結局のところわからないところが残る。すると「危ない、危ない」ってあおる人の情報を多く集める。それは本能として最悪の事態を想定しておこうとするからどうしても自然とそうなる。けれど、しだいに信頼できる情報を発する人々がわかってきて、知り合いになった。ボクは理系の難しいことはわからないから、自分で情報を得ようとしても、それを自分の力で正しく判断できるかどうか難しい。場合によってはまちがった方向に行く可能性もある。自分の都合や願望で聞きたいことだけ聞いてしまうのは良くないと思います。でもそうならないための友人の輪はいくらでも広げられるはずです。

——では〝信頼できる人〟という確信はどう得たら良いでしょうか。

まず、直接会ってみること。人のあげ足とったり、悪口を言ったり、すぐ人を「ナントカ派」に分ける、そういう人は信用しない。ジャーナリストでもね、ガイガーカウンター持って、「ココこんなに放射能が高いぞ」ってさわいで危機をあおるだけの人がいる。確かに放射線量が高いところ、あちこちにあるけどそれだけではしょうがないと思うんです。ある時期まではまあ仕方ないけれど、自分に注目を集めるためにあおってるみたいな人とか、なんかうさんくさい人っているでしょう? まあそれで仕事が増える人もいて、しょうがないのかなとは思うけど……。

——つまり情報を精査するためにも、人を見る目をやしなうことが大事ということでしょうか?

そもそも子どもに「ネットから正しい情報を集めよう」なんて難しいこと言えないです。ひとりで自分に都合の良い情報を拾い集めるのではなく、周囲の信頼できる人達と意見を交わす過程を経ることが大事なんです。

——本作中でも「おやじ達」が川を下りながら森をぬける時に、森の鳥達がぴーちくぱーちく意見を言う。けど、ぜんぜん結論が見えてこないというのがありました。

　正反対の言葉を言いあう専門家達をテレビや新聞で見て、だれの意見を信頼すればいいのか、どこから依頼を受けているのかや、お金の流れが気になるところですね。

漫画と、アート、自分のできることをやってみる

——2016年に美術館（練馬区美術館）で開催した『回転展』についてお聞かせください。

　ボク自身は、「回転」が好きなんですよ。回ったら面白いし、魅力がある。まあ、そういうことを美術館でやって「芸術」だって言いはるわけだけれど「それってどうなの?」みたいな意見も出る。そして、そもそもボクはなぜ回転に魅力を感じるのだろうかとか考えると またいろいろ見えてくる。

——やかんやおもちゃなど、日常生活でよく見知っているものがいろいろ回っていて、楽しく取っかかり良く感じました。逆に難しく考えようと思えば、なんだか深く語れちゃうような気も……。

「バカだなあ」って言えるでしょ（笑）。いろいろな見方はあると思うんだけれど、美術館に何か飾るぞと思った時に、手元に〝やかん〟しかなかったら、「どうしよう」って考えますよね。絵もね、そのまま飾るのではなくて、くしゃくしゃにしたり何かしないと飾れるようなものじゃないんですよ自分の作品は。そうなると、ほかに〝やかん〟しかない自分に何ができるかといえば、「それじゃ回そうか」ってなるのは、もう自然の流れですよね（笑）。これが美術館じゃなくて、どこかの公園ならまた違うこと考えますよ。つまりその時々で、適応することを考えます。

——「絵」がぐしゃぐしゃにしてあったり、あと大きな布に描かれた絵を壁にダラっと飾ったり。あれはびっくりしちゃっていいんですよね。

　びっくりしていいです（笑）。これが〝伊藤若冲〟の絵とかなら、ぐしゃぐしゃにする必要はないわけです。だってそのままが良いから。でも、ボクの絵はくしゃくしゃにした方がいい。ボクはへそ曲がりだから、キレイな絵を眺めてウットリするのも大切だけれど、自分のやることはもう少し違うと。人に疑いを持たせたり、考えるきっかけを作ったりとか。もう、「美しいファンタジーの世界で遊ばせてやるもんか」みたいな。漫画家ってわりと職人気質の人が多い。読者にいかに喜んでもらうか、エンターテインメントを常に考えている。芸術家とはちょっと違う。

「ナラティブ（物語・物語化）」という言葉があるんだけど、漫画家ってみんな、〝世界〟を造りたいんですよ。ここでないどこかの世界を。それは宇宙や、終末の世界とか、キレイな女の子いっぱいの学園でもいい。読者の心にありありと物語を創りたい。それは、漫画か映画か、アニメなのか小説かなんて大きな差じゃない。その物語をありありとさせるために、登場人物を立体にしたり、アニメにして動かしたり、架空の物語を補強するためにガンバる。でもアートには、もっと「何でも超えていこう」みたいのがありますね。漫画の中でもアートに近い赤塚不二夫さんなどは、お話の世界を平気で壊してましたね。

　展覧会で「ただのやかんも回れば芸術となる」と主張したのですが、図録の中では「そうじゃないだろ」

赤塚不二夫：漫画家。代表作には『おそ松くん』『ひみつのアッコちゃん』『天才バカボン』などがある。

▶ボタンを押すとやかんが回り、「芸術」と赤く点灯する。
撮影：(有)さるやまハゲの助

と言われています（笑）。それはそれで良いことで。つまり歴史をふまえて「アートはこうだ」ということをちゃんと考えている人がいて、ただ今は一方で「アートって何でもアリ」という風潮もあって、そんな状況がまたおもしろかったりする。

―見ている人が衝撃を受けた、つまり常識をぶっこわされたとか、ちがって見えたとかそういうこともアートの役割のひとつかと思います。

ある意味言葉の定義の話だとも思うんですよ。歴史をふまえた、ちゃんとしたアートだけがアートだとしても、「その他」のアートも現実にあるんだから、何か納得のいく、別の分野の名前をつけてあげるとかね。

―名前があるって大事ですよね。自分の頭の中にあるものを壊したり否定したりかみくだいて納得いく形に作り直したら、作品や作者との疑似的対話でしょうし、自分を見つめ直すことで自分や自分の人間関係を豊かにしていきますし。

もうひとつの切り口でね、昔からボクは「くだらないもの」とか「バカバカしいもの」が好きなんだけど、世の中でくだらないとされているものとか、大したことじゃないとされているものとか面白いなって思うんです。生き物の世界ってその辺の多様性が豊かでしょ。プランクトンだってミジンコだって生態系の中で役割があるでしょ。それが今の世の中、強いものが良くて、弱いとダメとか。そうしたくだらないとか取るに足らないと言われているものが、美術館という場を得て飾られることそれ自体が価値のあることだと思うんですよ。美しいものが良くってダメなものはダメってそんなシンプルなものではなくって、弱いものでもちょっとした工夫で〝必要なもの〟になれるっていうかそういうのが好きなんです。

―たしかに一回評価が決まって、認められたものだけが美術館に並んでいるなら、つまらないですよね。

多様な価値を認めつつも、選択しふるいにかける仕組み、そのふたつの車輪のバランスが大事なんです。何でも思いつくままにやるのはいいけど、どう正しい答えを見つけるか。SNSとかネットで原発や放射能に対する意見がたくさんある中で、では一体どれが正しいのか、とか日本の政策の中でいろんな立場や意見がある中で、どの人の政策を支持するのか、それに自由に意見するのは大切だけど、後できちんと選択しふるいにかける仕組みが信頼できる形になっているのか。選挙なんかその選択行為のもっとも重要なものだと思うんだけど、ちょっとこの選挙制度でいいのかって不安になるんですけどね。いろいろダメなものは多いですよ。でもそれは改良の余地があることだとも言えるんです。

―なるほど、余地とは可能性でもありますよね。先生のお話を聞いて、漫画がまたいっそう面白く読めそうです。本日はありがとうございました。

「人はいつか死ぬんだから生きてるうちにやりたいことやらなきゃダメだと思いましたよ」

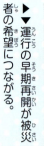

▼運行の早期再開が被災者の希望につながる。

大地震と大津波が町に、人におそいかかった！

2011年3月11日、東日本一帯をおそった大地震（東日本大震災）によって東北太平洋沿岸部全域は巨大な津波におそわれました。大昔からくりかえし津波の被害にあってきた三陸海岸ぞいの人々は、日ごろから津波に気をつけていました。しかし、観測史上最大という想像をこえる大地震は、津波にそなえて用意されていた防波堤や、「万里の長城」と呼ばれる大堤防をもやすやすとのりこえ、黒い大うずとなって街のあらゆるものを飲みこんでいきました。さんてつ（三陸鉄道）もまた、路線の形や設備の多くが津波にそなえたものでしたが、それでも多大な被害が出てしまいました。それほどまでに、この地震は大規模なものだったのです。

作品紹介

さんてつ：日本鉄道旅行地図帳 三陸鉄道 大震災の記録

著：吉本浩二　発行：新潮社

2011年3月11日。東日本大震災で発生した大津波によって被災した三陸鉄道。その復旧に奮闘する鉄道マンたちとその関係者たちの物語。現地取材によるドキュメンタリー漫画。

著者プロフィール

吉本浩二

1973年生まれ。富山県黒部市出身。『ブラック・ジャック創作秘話～手塚治虫の仕事場から～』で手塚治虫を生き生きと描き、2012年版『このマンガがすごい！』オトコ編で1位となる。ドキュメンタリー漫画に定評がある。近著に『寂しいのはアンタだけじゃない』（小学館）。

「さんてつマン」たちの奮闘。

地震発生と同時に各列車は緊急停止を行いましたが、中には長いトンネルの中で立ち往生してしまった車両もありました。幸いさんてつの車両は電車ではなくディーゼルカーだったので、停電しても自力で発電できました。乗客は恐ろしさと不安でいっぱいでしたが、乗務員の適切な行動により車内で冷静に救助を待つことができました。

乗客らはくりかえす余震の中で安全に避難所などに誘導されましたが、ようやくたどり着いた避難所では、連絡の取れない人も多く、また知人や家族が亡くなったことを知らされたりしました。それでも悲しみにしずむことなく、ひとりひとりが自分にできることを全力で行いました。

私たちは今、平穏に生活していても、いつ災害におそわれるかわかりません。本当は死ととなりあわせの状況の中にいるのかもしれない、と考えることで、無事に生きていることに感謝し、やりたいことに全力で取り組むことができるはずです。つね日ごろから災害にそなえる心がまえは、積極的な姿勢で生きることや、充実した生活を送る心がまえでもあるのです。

「さんてつ」とは三陸鉄道のこと

地元の人たちは親しみをこめて、「三陸鉄道」のことを「さんてつ（三鉄）」と愛称で呼んでいます。三陸鉄道は、山と海とが複雑にいりくんだ地形であるリアス式海岸で有名な、岩手県沿岸部に南リアス線（盛－釜石）と北リアス線（宮古－久慈）の2路線、総延長108kmを運営しています。美しくきびしい自然の中に住み、乗用車にたよることが難しい人々にとって、さんてつは生活を支える無くてはならない交通機関であり、地域の象徴的存在でもあります。そして地震と津波におそわれたさんてつを鉄道マンたちは、たった55日後に一部運転を再開させ、住民に復興への希望と安心を与え、心の支えとなったのです。2014年4月6日には、300カ所108億円の被害を復旧させ、全面運行を再開しました。

人はいつか死ぬんだから生きてるうちにやりたいことやらなきゃダメだと思いましたよ
……

◀伊藤主任は震災を経験し、考え方が変わった。

「有事《ゆうじ》ではな、時間《じかん》をかけて満点《まんてん》を取《と》るより、わずかな時間《じかん》で30点《てん》を取《と》る方《ほう》が勝《か》つ。」

▲緊急時《きんきゅうじ》には最速《さいそく》の対応《たいおう》をとうったえる。

緊急救助《きんきゅうきゅうじょ》に向《む》かう人《ひと》が何《なに》を最優先《さいゆうせん》にすべきか。

2011年《ねん》3月《がつ》11日午後《にちごご》、東北地方《とうほくちほう》でマグニチュード9の地震《じしん》が発生《はっせい》、北海道紋別郡遠軽駐屯地《ほっかいどうもんべつぐんえんがるちゅうとんち》、陸上自衛隊第《りくじょうじえいたいだい》62普通科連隊《ふつうかれんたい》に出動命令《しゅつどうめいれい》が出《で》ます。第一中隊長松崎勝《だいいちちゅうたいちょうまつざきまさる》3等陸佐《とうりくさ》は部隊《ぶたい》の先頭《せんとう》に立《た》ってヘリコプターで被災地《ひさいち》の岩手県宮古市《いわてけんみやこし》に救助《きゅうじょ》に向《む》かいました。その惨状《さんじょう》はまさに戦場《せんじょう》のようでした。救命《きゅうめい》は速度《そくど》が最優先《さいゆうせん》になります。「勝負《しょうぶ》は72時間《じかん》」を合言《あいこと》葉《ば》に、彼《かれ》らは人命救助《じんめいきゅうじょ》を始《はじ》めました。松崎陸《まつざきりく》佐《さ》が救助《きゅうじょ》のスピードを最重視《さいじゅうし》することには個《こ》人的《じんてき》な理由《りゆう》もありました。
彼《かれ》はかつての阪神《はんしん》・淡路大震災《あわじだいしんさい》の時《とき》も救《きゅう》助部隊《じょぶたい》の中《なか》にいたのです。その時《とき》、彼《かれ》は混《こん》乱《らん》の中《なか》、事態《じたい》に対《たい》しての適切《てきせつ》な対応《たいおう》がおくれてしまい自衛隊《じえいたい》の同僚《どうりょう》にけがを負《お》わせてしまったことがあったのでした。その苦《にが》い経験《けいけん》から彼《かれ》は災害《さいがい》の現場《げんば》では二度《にど》とそのようなことにならないように、心《こころ》がけるようになったのです。

作品紹介《さくひんしょうかい》

『俺《おれ》しかいない―黒《くろ》い波《なみ》を乗《の》り越《こ》えて―』（『3.11を忘《わす》れないために ヒーローズ・カムバック』収録《しゅうろく》）

著《ちょ》：かわぐちかいじ　協力《きょうりょく》：惠谷治《えやおさむ》　発行《はっこう》：小学館《しょうがくかん》

大震災復興支援《だいしんさいふっこうしえん》と「3.11を忘《わす》れない」ために、かつての人気《にんき》キャラクターたちが復活《ふっかつ》するという企画《きかく》を提案《ていあん》した8人《にん》の漫画家《まんがか》たちによって製作《せいさく》されたアンソロジーに収録《しゅうろく》されている作品《さくひん》。災害救援《さいがいきゅうえん》に向《む》かう陸上《りくじょう》自衛隊第《じえいたいだい》62連隊《れんたい》は、あまりにも大《おお》きい被《ひ》害状況《がいじょうきょう》に圧倒《あっとう》されながらも、必死《ひっし》の救助活《きゅうじょかつ》動《どう》を続《つづ》けていく。彼《かれ》らの活動《かつどう》の軌跡《きせき》を追《お》った物語《ものがたり》。本誌《ほんし》の収益《しゅうえき》と印税《いんぜい》は復興支援《ふっこうしえん》に寄《き》付《ふ》され、復興支援《ふっこうしえん》の輪《わ》を広《ひろ》げている。

急がなければいけない災害の現場でこそ沈着冷静な一瞬の判断が大切になる。

「有事ではな、時間をかけて満点を取るより、わずかな時間で30点を取る方が勝つ」と彼は言います。人命救助を最優先に考える災害現場にあって、その言葉は誤解を生みかねない言葉ともとれます。しかし彼があえて誤解を恐れずにそう言うのは、過去の経験の積み重ねから、現場での機敏な対処の重要性について痛いほどわかっている自衛官だったからです。彼は教訓を心にきざみこみ、その時の悔しい思いをのりこえようと宮古市の海岸部で救出活動にあたりました。

人はだれでも経験したことのない大災害の現場では、あわててしまい他人を救うどころか、自分自身の命を救うことさえできなくなることもあります。それでも人を救うには一瞬の判断が重要なのです。

岩手県宮古市の被害

東日本大震災による死者は15894人、行方不明者は2557人にのぼりました(警察庁発表2016年9月時点)。この被害は関東大震災（大正12年）、三陸地震津波（明治29年）に次ぐ深刻なものでした。

岩手県宮古市もまた大きな被害を受けました。岩手県の調べによると、宮古市の死傷者数は467人、行方不明者94人、負傷者33人で家屋崩壊数は4098棟にのぼりました。宮古市の被害総額は２千456億円を超えています。

▼第62連隊は被災地岩手県宮古市に急行した。

著者プロフィール

かわぐちかいじ

広島県出身。１９６８年『ヤングコミック』(少年画報社)にて『夜が明けたら』でデビュー。マンガジャパン会員。１９８７年第１回講談社漫画賞『アクター』、１９９０年第１回講談社漫画賞『沈黙の艦隊』、２００２年第26回講談社漫画賞『ジパング』、２００６年第51回小学館漫画賞、第10回文化庁メディア芸術祭マンガ部門大賞『太陽の黙示録』。

震災当日深夜 救助への道を確保するよう 指示した国土交通省。

2011年3月11日の東日本大震災当日、混乱した情報がとびかう中、東北地方整備局災害対策室は、国土交通省の大臣からテレビ電話を通じて人命救助の指令を受けました。自衛隊でも警察官でもない彼らに下された指令は、広範囲におよぶ災害被害地域、太平洋湾岸地域に向かう道路を早期に使えるように「啓開」するという任務でした。救助に向かうための道路を確保しないと、災害地の人たちの命が救えません。食料も届けられません。そこで国土交通省のわくにとらわれず、人命救助を最優先に啓開しろという指示を実行に移していきます。

被害状況は甚大で、啓開は容易なことではありませんでした。太平洋沿岸を通る国道45号線はまったく使えず、東北自動車道は全面通行止めだったのです。

いいか 目標は 太平洋沿岸部の 地域だ
人命救助と 救援のための道を 我々は 「啓開」で開ける!
道路啓開の指揮は 誰よりも東北の道を知りぬいた 君に任せたい!
やってくれるな
はい!

▲震災当日深夜のテレビ電話で、国交省と現場の緊急会議。

「人命救助と救援のための道を我々は「啓開」で開ける!」

道路啓開ってなに?

道路啓開とは、地震などで埋まったり壊れてしまったりした道路を通れるようにすることを言います。2011年3月11日の東日本大震災では道路が破壊され、三陸沿岸地域に救助に向かうことも、食料を運ぶことも困難な状況でした。そこで道路を通れるようにして、救援ルートを確保した時に使われたのがこの言葉です。

「くしの歯作戦」で被災地への道を確保する。

道路調査官だった林崎吉克は、東北の道を熟知している知識を買われ、道路啓開の指揮官に任命されます。彼の責任は重大でした。一瞬の手配のおくれさえ多くの人命を失うことにつながってしまう未曽有の大災害現場なのですから。彼は幹線道路の分断状況から即座に「くしの歯作戦」を提案、それを実行に移します。

「くしの歯作戦」とは、東北内陸部を南北に通る東北道、国道4号の縦軸ラインをくしの本体に見立て、そこから太平洋沿岸に通じる道をくしの歯のように啓開していく作戦です。林崎の立てた作戦を対策室はすぐに実行に移しました。東北道、国道4号の確保を第1ステップに、第2ステップとして横軸にあたる太平洋の沿岸地域につながる道の啓開をすべて同時に行っていきました。

こうして、災害の翌日には沿岸部に向かう幹線道路16のうち、11のルートが啓開されました。そして15日には15ルートの啓開を達成したのです。第3ステップは国道45号と6号の啓開ですが、これも18日には97％を達成し、作戦は終了しました。この物語は災害地を短い時間でつないだ人たちの決意と情熱の物語です。

作品紹介

『啓け！—被災地へ命の道をつなげ—』
著：岩田やすてる　発行：コスモの本

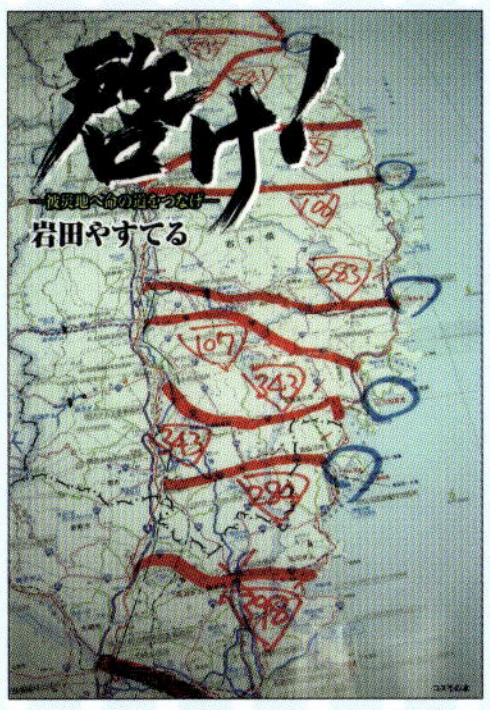

2013年3月10日発行、2011年3月11日の東日本大震災から2年後の出版。災害の当日からの国土交通省東北地方整備局の機敏な活躍が、本書の発行によって脚光を浴びる。未曽有の災害に直面した当日の混乱の中で、東北地方整備局は最大限の努力で被災地の被害の拡大を最小限にくいとめ、物流の復旧を短時間で行った。その軌跡を描いた作品。

著者プロフィール
岩田やすてる
兵庫県出身。1990年、『陽のあたる場所へ-NO TIME TO CRY』で第39回手塚賞・佳作受賞。『週刊少年ジャンプ』でデビュー。代表作は『球魂』『神光援団紳士録』『極リーマン』他。

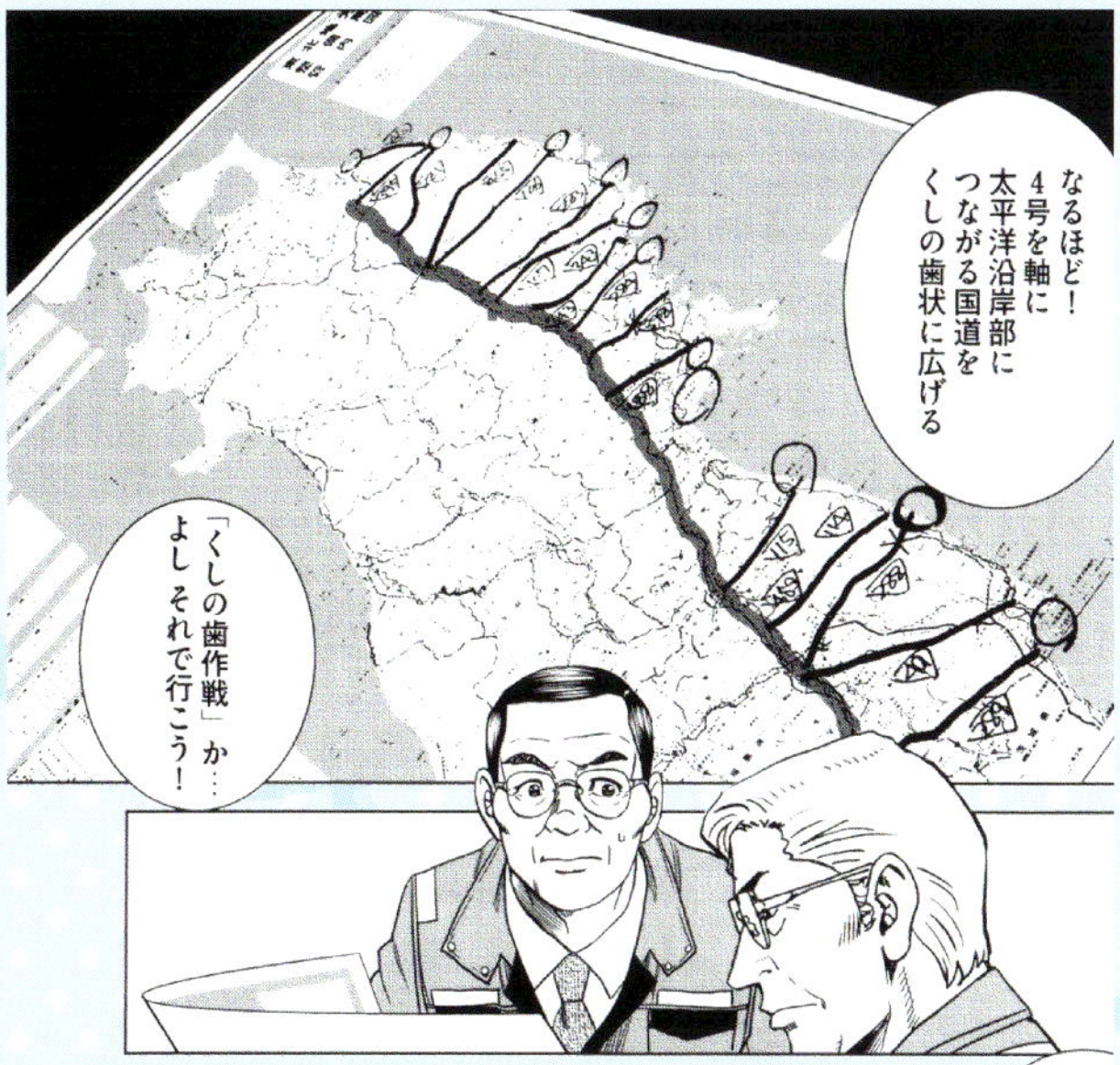

◀全面通行止めの区域に道路を啓開していく作戦を立てた。

津波で母を失った山中ゆかりの悲しみ。

2011年3月11日、東日本大震災の日、東北の小さな町に母とふたりで住んでいた中学3年生の山中ゆかりは、その日学校で大震災にあいました。彼女達は先生の指導のもと、屋上に避難して救われました。しかし屋上から見わたせる街の惨状はそこにいるだれもが目をおおうばかりの悲惨なものでした。大津波の濁流が一気に街をのみこんでいき、彼女が住んでいたアパートも、屋上から見つめる彼女達の目の前でのみこまれていきました。その時、彼女はお母さんが夜勤明けで、家で寝ていたことを思い出したのです。彼女は津波が荒れくるう中、お母さんがいるアパートにむかおうとしますが、周囲の人達に危険だととめられてしまいます。

翌日、アパートにもどったゆかりが見たものは、アパートのがれきにおしつぶされたお母さんの遺体でした。それから毎日、彼女はお母さんとふたりで暮らしていたアパートのがれきの中から、お母さんの遺品を探しましたが、遺品は何も見つかりませんでした。彼女はあきらめずに遺品を探し続け、ついにお母さんの日記帳を見つけます。それを見て彼女は、お母さんが自分のために仕事の夜勤を増やして働いていたことを知ったのでした。お母さんは自分のものは一切買わずにゆかりが将来不自由しないように、働いてかせいだお金をすべてゆかりのために貯金していたのでした。生前、お弁当を作ってくれていなかったことなどを辛く当たってしまった自分自身を深くくやみ、心の中でお母さんにあやまりました。

「しかし、そんな中で決して失うことのないものがあります。それは、私たちが得た〝知〟です」

▲ゆかりは、お母さんの遺体にあやまり続けた。

著者プロフィール
みすこそ
新潟県生まれ。慶応義塾大学総合政策学部卒業。一旦社会人生活をへて、早稲田大学大学院会計研究科卒業、現在は社会人として活動中。

▲ゆかりが学校の先生達や父兄達に伝えたかった感謝の気持ちが「知」という言葉につまっている。

震災で亡くした母がゆかりに託した言葉。

彼女はお母さんの日記を読んで、どれほど深く自分を愛してくれていたのかをあらためて知りました。言葉では伝えきれない気持ちが日記の中にたくさんつづられていたのです。その後、彼女は自分達の学校の卒業式で卒業生代表として答辞を述べることになります。多くの人達を失った悲しみをのりこえて、母校から巣立っていく卒業生みんなの代表として、自分達を教え導いてくれた母校、ご父兄の方々に答辞を述べる、そう考えた時、彼女は先生や卒業生のみんなに感謝の気持ちを伝える側に立ったことを感じました。

答辞は震災以前に書いていましたが、震災の後、あらためて今の気持ちをこめて内容を書き直しました。壇上に上がったゆかりは、「知」という言葉を通じて、たとえこのような災害にあっても失われることなく、立ち上がる力につながるもの、奪いとることができないものがあることをみんなにうったえました。どんな困難な状況でも学ぶことをやめないとみんなに宣言しました。そしてまた、「知」こそが亡くなった彼女のお母さんが（ひそかに貯金にはげんで）彼女に託したものでもあったのです。

東日本大震災復興を祈願して描かれた作品

この作品は、実話からインスパイアされたフィクションです。作者は大震災に関するニュース、記事そして現地の取材から本作を描き、その印税を被災地にすべて寄付しています。震災の当事者の心情を考慮し、フィクションの形をとって出版しています。こういった形の出版で、被災地の方達の力になろうとしている作家が複数いるのです。

作品紹介

いつか、菜の花畑で
～東日本大震災をわすれない～
著：みすこそ　発行：扶桑社

本作は著者が東日本大震災後、被災地に関するニュース記事や自ら被災地におもむいた見聞をもとに、被災地の方々に思いをはせ、創作したフィクション作品です。本作品の印税は、被災地の子ども達の教育支援のため、すべて寄付されています。

「私たちは答えのない究極の選択に今でも苦しんでいます…」

▶医療者達もまた、災害によって現実を突きつけられ苦しんだ。

災害後の医療現場で迫られる究極の選択。

東日本大震災直後、福島県南相馬市の医療施設は、元からいた多数の患者と、被災した人でいっぱいになってしまいました。やがて福島第一原子力発電所の事故が深刻化し、地震発生から4日後には医療施設に業務停止命令が出ます。しかし100名の患者を移動させることも困難で、物資は底をつき、医療行為も不可能となります。なんとか別の病院に搬送は行われますが、患者は衰弱しきっており、体調の悪い者から死んでいってしまいます。そして、職員達は、残してきた家族の命か、衰弱しきった患者の命か、どちらを選んでも後悔しかない究極の選択をせまられるのです。

人の生命の重さに優劣はありません。しかし、自分や家族、仲間、赤の他人という、立場もまたそれぞれにあります。その上で「人を選別して切り捨てる」という、非常につらい選択を突きつけられるのが、災害の現実なのです。

著者プロフィール

井上きみどり

広島育ち仙台在住。既婚、二児の母。1991年、自身の出産・育児のエッセイマンガ『子供なんか大キライ！』にて、第1回YOU漫画大賞受賞。同作にてデビュー。代表作に、『ふくしまノート』、『マンガでわかる・コドモの医学』などがある。国際協力機構JICA「なんとかしなきゃ！プロジェクト」メンバーでもある。

ふくしまノート１

鍵穴がこわされてて玄関のドアが開かないーっ!!
泥棒に玄関の鍵をこわされていたのです

▶多発する窃盗被害に、被害者達はショックを隠し切れなかった。

被災後におこる人と人の問題に目を向ける。

福島第一原発から9・5kmの距離に住んでいた、とある一家の夫妻は、事故から5カ月後に2時間だけの一時帰宅がゆるされます。荒れはてた故郷、そこにある我が家に着いて夫妻が見たものは……こわされた玄関の鍵穴でした。さいわい泥棒に入られてはいませんでしたが、鍵を直し家に入れたのは、さらに3カ月後のことでした。

災害発生時は、ストレスや自暴自棄から弱者をねらった犯罪が増加する傾向があります。特に原発事故で急ぎ避難をした地域では戸じまりも十分にできておらず、無人の街では空き巣や、店舗荒らし、被災車両の窃盗などが多発しました。こうして被災後、一段落ついてからは、人と人の問題が表面化していきます。

被災者となった場合、それ以外の土地の人間から、良くも悪くも弱者としてあつかわれがちです。親切な人がほとんどですが、一部には親切をよそおって近づいてくる者もいます。理不尽な提案をされていないか、だまされていないか常に見極める姿勢を持ち、自分や家族を守ることに細心の注意をはらうことも大切です。

災害関連死とは？

2016年時点での東日本大震災での直接の死者は15894人、行方不明者2557人とされています。しかし、避難所の環境の悪さや、病院や病人搬送の機能不全、将来を悲観した自殺などさまざまな原因によって、避難後に死亡した方々が、わかっているだけでも3472人いると言われています。阪神・淡路大震災の被害の算定時に、これを『関連死』『災害関連死』と呼ぶようになりました。大規模災害ごとに、認定の基準は変わってきましたが、被災時に負った傷の悪化などにより死亡し、災害弔慰金の支給などに関する法律に基づき、当該災害弔慰金の支給対象となった者、というのが現在の定義となっています。

東日本大震災では地震、津波の後、原発事故災害が起きたため、医療品不足に加えて、原発周辺区域からの秩序立たない避難や搬送が行われ、発作を起こして死亡したり、衰弱死したりした人が多かったようです。

作品紹介

『ふくしまノート１』
著：井上きみどり　発行：竹書房

東日本大震災と、それに続く福島第一原子力発電所事故当時、福島県に在住していた人々の被災状況とその後を描いた、ノンフィンクションエッセイ漫画。一話もしくは数話完結で、一般の市民や、医療従事者など様々な立場から見た事故当時の混乱状況とその後の苦悩、そして彼らの主張が描かれている。

ここでは、第1巻全11話のうち、『②ボク達の一時期宅の現実。』『⑥あの時福島で医療者が出来たこと』の2話を紹介している。

「起きちまったもんは恨んだって怒ったって元に戻んね出来る事やっていぐしかねぇ」

福島第一原子力発電所で廃炉作業をする人達の環境。

２０１１年３月11日の東日本大震災によって、福島第一原子力発電所に原子力事故が発生しました。事故は、電源設備の損壊、全電源喪失に始まり、炉心溶融（メルトダウン）、水蒸気爆発、炉心貫通（メルトスルー）、放射性物質の外部への拡散など、極めて深刻な経過をたどり、後に原子力安全・保安院の評価で最悪のケースとされる、『7』(深刻な事故)に分類されました。そして、この先何十年かかるともしれない廃炉作業が開始されたのです。

本作の著者・竜田一人（仮名）は、「高給と好奇心、それにほんの少しは被災者のためという義侠心」から、廃炉作業中の福島第一原子力発電所、地元での呼び名では「いちえふ」と呼ばれる現場で働くことを決意し、労働者の職を探します。

事故から一年後、彼は、ようやく所属できた末端の下請け企業経由で「いちえふ」の廃炉作業現場に入って仕事をすることができました。

そこは、厳密に決められた放射線管理以外は、普通の建築現場と大きなちがいはありませんでした。そこで働く職人達は、地元の人達が大半を占め、それぞれに事情をかかえながらも自由意志で働いていました。事故をおこした原子力発電所というイメージから来る、「高い放射線下での強制的で苛酷な労働」とはかけはなれたものだったのです。

◀親方が主人公に言った一言。

著者プロフィール

竜田一人

福島第一原子力発電所の作業員として働いた経験を描いた『いちえふ～福島第一原子力発電所案内記～』を執筆。同作品にて、漫画新人賞の第34回MANGA OPEN大賞受賞。商業誌の漫画の執筆経験を持つとされるが、あくまで作品の性質上覆面作家として再デビューしているため詳細は不明。なおペンネームは被災したJR東日本常磐線の竜田駅から由来。

少しずつコツコツやるしかない。

放射線量が通常より高い場所で仕事をする作業員達は、その日浴びてもいい放射線量と現場の放射線量から計算される時間しかその場にいることができません。最善の作業方法を考えても、指定された現場に向かって準備をし、ボルトをしめるなどの作業を少ししただけで、その日の作業が終わることもあります。しかし行った作業がわずかであっても、全体の作業工程は確実に進んでいます。その積みかさねは、いずれ成果となり、事態の改善につながります。

「千里の道も一歩から」ということわざがあります。遠い道のりでも一歩をふみ出さないと、たどり着くことはできないように、小さなことから努力を重ねていけば、大きなことを成せるという意味です。福島第一原子力発電所の廃炉作業のような、この先何十年かかるかわからない作業だとしても、できることからコツコツ積み重ねていかなくては、事態を改善することはできません。

事態の改善のために行ったことの中には、知識や知恵の不足、作業量の計算違いなどから、時にむだだったり、事態を悪化させてしまうこともあるかもしれません。しかし、まちがいに気がつくことこそが事態の改善への積み重ねにもなるのです。目的達成のためには、よく考えて、その時々の方法を見定め、手を動かし続けることが何より重要です。

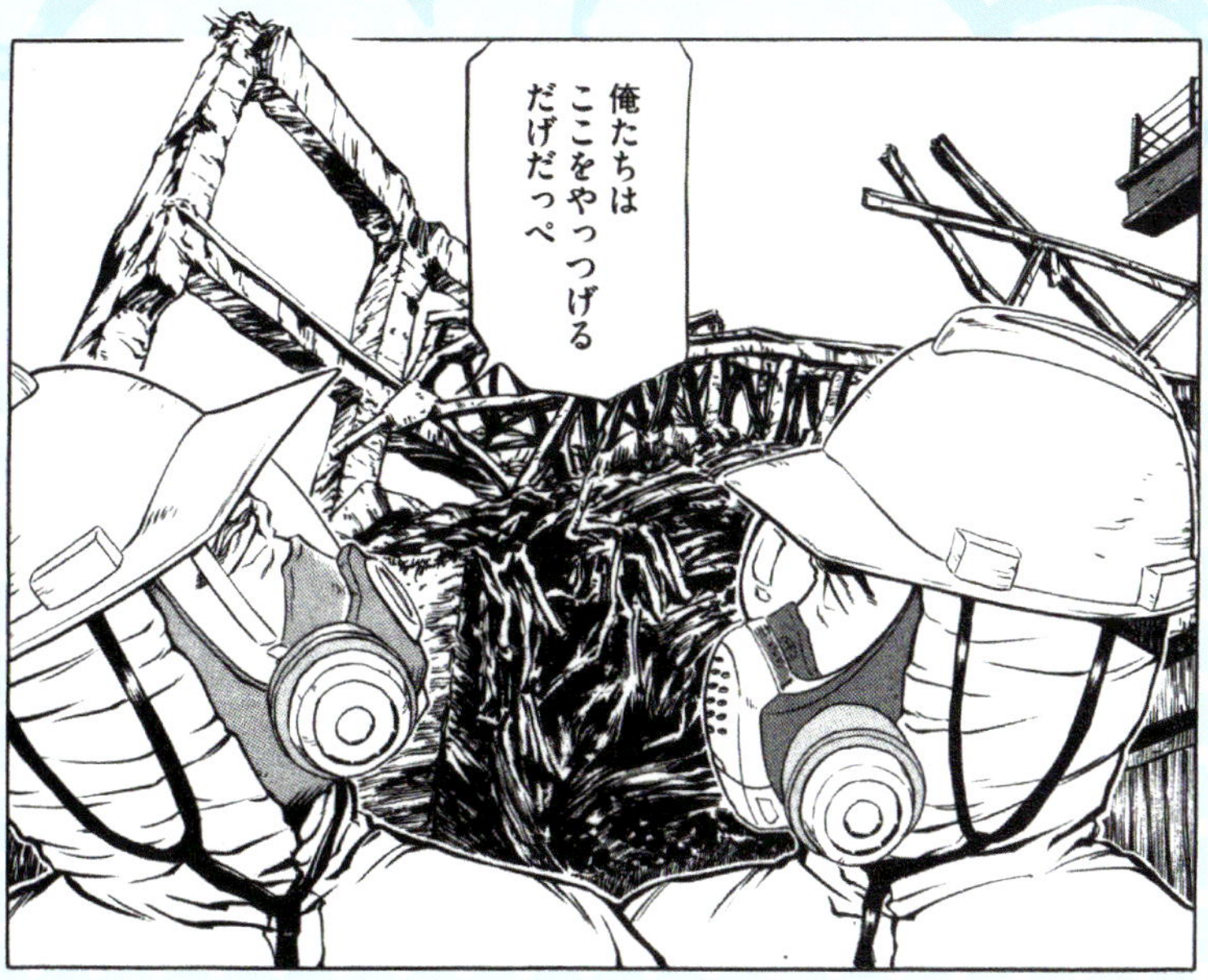
俺たちは
ここをやっつげる
だげだっぺ

▶水蒸気爆発で原子炉建屋は見るも無残な姿に……。

放射線と放射能との違いは？

私たちの体をふくむあらゆる“物”は、無数の原子で形づくられています。原子は、陽子・中性子を含む核子と、核子のまわりを飛ぶ電子で構成され、陽子の数によりその性質が変わります。また同じ原子でも、核子にふくまれる中性子の数により「同位体」と呼ばれる種類が生じます。

同位体の中には、安定しているものと、不安定なものがあります。この“不安定なもの”は、「放射性同位体」と呼ばれ、時間とともに「放射性崩壊」という現象を起こし「放射線」を発します。この放射線を発する能力のことを「放射能」と呼びます。

作品紹介

『いちえふ ～福島第一原子力発電所労働記～』

著者：竜田一人　発行：講談社

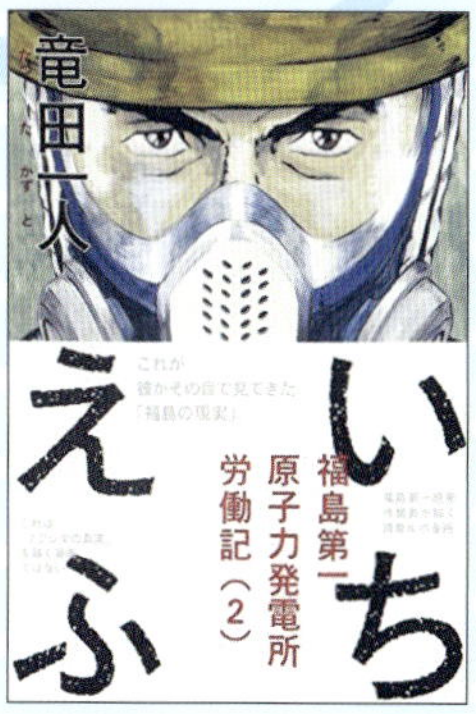
竜田一人
いちえふ
福島第一原子力発電所労働記（2）

2011年3月11日におきた、後に、東日本大震災と呼ばれる地震と津波により、福島第一原子力発電所に原子力事故が発生。本作は、著者の竜田一人が、福島第一原子力発電所で実際に廃炉作業員として働き、目にした、作業員の日常、廃炉作業の現実を描いたルポルタージュ漫画。

自分の意見を主張することの大切さ。

東日本大震災による福島原子力発電所の事故の影響を取材していた、主人公の山岡士郎達は、福島県在住でロシア出身の女性に出会います。彼女から、チェルノブイリ原子力発電所事故の経験から祖国で教えられた放射線防護の心がまえの話を聞き、こんな危険な状況でも、日本人は「みんなとちがうことをしたがらない」という指摘を受けます。

士郎と父の海原雄山は、福島の人達が、電力会社や国に対してあまり抗議しないことや、賠償を強く求めないことの原因は、日本人の持つ「周囲の思惑をおそれ、空気の圧力にくっして、言いたいことも言わない」気質のせいだと指摘します。しかし彼らは同時に、日本人はかしこく、その悲しい気質はいずれ改善されるだろうと希望を持ちます。

みんなが手を上げている時、自分の意思や事実とはことなっても、なんとなく手を上げてしまったり、〝周りの空気〟に合わせてしまったりという経験が、だれでも一度は、あるのではないでしょうか。そういった時に、手を降ろしたままでいるのはとても勇気のいることですが、もしそこで自分の意見を引っこめてしまったら、ほかの人たちはちがう意見があることを知らずに、物事を進めてしまいます。もしかしたら、自分の意見も正しくはないかもしれません。しかし、物事を進めるうえで、さまざまな意見を交換し議論することは必要不可欠です。時には自分の意見を主張することも大切です。

でも俺は日本人を諦めない。
諦めたらおしまいだろう。

▶豊かな食文化を開花させ、多様性を生み出した日本人の感性に希望を見出す山岡と海原雄山。

著者プロフィール

雁屋哲
1941年中華民国北京市生まれ。東京大学教養学部基礎科学科にて量子力学を専攻。1972年『ひとりぼっちのリン』にてデビュー。初期には反権力的なバイオレンス漫画の原作を手がける。1987年『美味しんぼ』にて、第32回小学館漫画賞・青年一般部門受賞。食を題材に数多くの社会問題を提起した。

花咲アキラ
1956年生まれ。富山県新湊市出身。1981年『シンペイの航海』にてデビュー。1983年「ビックコミックスピリッツ」誌上にて『美味しんぼ』の連載を開始。2009年には『のぼうの城』(和田竜原作)を執筆。

「でも俺は日本人を諦めない。」

美味しんぼ　福島の真実編

特に子供たちの行く末を考えてほしい。
福島の復興は、土地の復興ではなく、人間の復興だと思うからだ。

▲子ども達のために人間の復興を願う海原雄山。

一番大切なのは人間の復興。

取材を続ける中でいくつもの真実を見聞きした雄山は、「福島の復興は、土地の復興ではなく、人間の復興」であってほしいと願います。人間という言葉には、ひとりの「人物」という意味だけではなく、人と人の関係性という意味もふくまれます。つまり、雄山はひとりひとりの復興と、人同士の豊かな交わりの復興を願ったのです。

通信技術と交通手段が発達した現在では、人は距離の影響をのりこえて交流可能になり、遠く離れた者同士が協力して仕事をすることも可能になりました。災害はときに人と人を引き離してしまうかもしれません。しかし、私達はけっしてあきらめず、古くから知恵と新しいテクノロジーと、あらゆる手段をもちいて、絆を結び互いに助け合って復興をなしとげることができるはずなのです。

福島の農業とは？

福島県は農業王国で、その総生産量は全国トップクラスです。「お米(稲作)」の生産量は全国7位、「もも」の生産量は全国2位、このほかトップテン以内に「なし」「きゅうり」などもあります。

2011年の東日本大震災での地震と津波によって農地が被害を受け、福島第一原子力発電所事故によって、農地は放射性物質に汚染されてしまいました。しかし、出荷された農産物の放射線量が国の定めた既定値以内であるにもかかわらず、風評被害により福島の農業は大打撃を受けました。

直接被災した農業経営者は全県で33.7%にもおよび、全国の農家同様に震災以前から悩みの種であった後継者不足の問題などもからみ、被災した農業経営者の再開率は60.9%と、苦しい状況におかれています。しかしそれでもなお、福島県の農業の規模は大きく、全国有数の農業県であることはゆらいでいません。

作品紹介　**『美味しんぼ』110巻 111巻 福島の真実編**

原作：雁屋哲　作画：花咲アキラ　発行：小学館

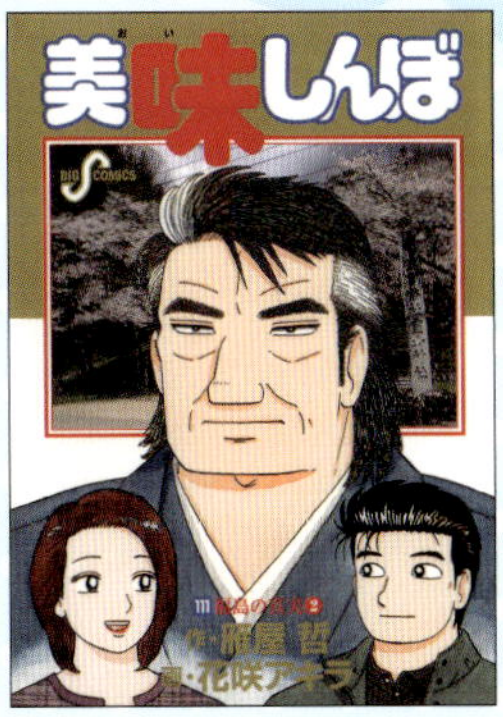

東西新聞の記者・山岡士郎とその父、世界的陶芸家で美食倶楽部を主宰する海原雄山。ふたりは長年の間「究極」VS「至高」としての美食対決を繰り広げてきました。美味しい食材とそれを育む自然。人々の営みや文化を求めてふたりは全国をめぐってきました。しかし、2011年3月11日、東日本大震災がおきてしまいます。

ふたりは士郎の妻のゆう子とともに、震災後の福島の現状を知るため、取材に向かいます。取材が進む中で明らかになる福島の衣食住の現状はきびしいものでした。そして一行はさらなる驚愕の真実＝福島第一原子力発電所の事故によるさまざまな被害を知ることになります。

正しい情報と、正しい理解のために

メルトダウンだなんて言ったらパニックがおこります。

福島第一原子力発電所の事故について、2016年になって、東京電力は「原発事故を報道する際にメルトダウンという言葉を使ってはいけない」という命令を首相官邸から受けたと発表しました。当時の政府関係者はすぐにこれを否定しましたが、ではだれの意思でメルトダウンという言葉が使えず、事実をかくす結果となったのか、真相は闇の中です。

この漫画は2011年に掲載されたので、期せずして風刺は当たってしまいました。

歴史を見返せば、テレビや新聞などの情報であっても必ずしも事実ばかりではないことがわかっています。さまざまな事情から事実が国民に伝えられないことがあるのです。複数のソース、ネットから情報を得るだけでなく信頼できる知人や家族と情報を話し合い、冷静に判断し行動する必要があります。

〔出典〕『あの日からのマンガ』著：しりあがり寿　発行：KADOKAWA
（初出『TV Bros.』はなくそ時評2013.5.28東京ニュース通信社）より

◀原発事故に対する権力者の姿勢の本質をつく一コマ。

絶対安全な道なんて無いことは知ってるよ。

限られた情報源から、事の善悪や正誤の判断をしてはいけません。自分の頭で判断するには信頼できる仲間と話しあうなどプロセスを経ることが大事です。その際に極論をあおる人や特定の価値観を押しつけてくる人には注意が必要です。「絶対に事故はおきない」とか「放射能でだれも助からない」といったデマやうそにだまされないためには、限られた想定の範囲だけで判断せず、広く先人のあやまちや成功から学び、人々が手をとりあい協力しあって、困難に打ち勝っていく仕組みを作らなくてはなりません。

絶対安全な道なんて無いことは知ってるよ
正しい情報が分かれば後は自分達で判断する
この3つだな
さてどうやって決めるか?

▶いろんな人がいろんなことを言うが、最後に決めるのは自分だ。

[出典]『あの日からのマンガ』 著：しりあがり寿 発行：KADOKAWA
(初出『小説宝石』7月号 2011．6．22 光文社)より

福島第一原子力発電所の放射性物質

福島第一原子力発電所からもれた放射性物質は、原発の周辺地域はもちろん、遠く関東地方などにも降りそそぎました。2016年4月時点でも一部地域では高い放射線量が測定されています。事故直後には雨や風向きなど天候に注意が必要でした。また被ばく、特に内部被ばくを避けるためには外出をひかえたりマスクなどで防備する必要がありました。

作品紹介 あの日からのマンガ

著：しりあがり寿　発行：KADOKAWA

2011年3月11日。朝日新聞の夕刊で4コマ漫画『地球防衛家のヒトビト』を連載中の作者は、未曾有の巨大地震が東日本一帯を襲った日以降、たくさんの震災関連漫画を発表しました。取材と実体験にもとづく渾身のギャグ・ナンセンス風刺漫画であるこの作品は、第15回文化庁メディア芸術祭マンガ部門優秀賞を受賞しています。

著者プロフィール

しりあがり寿

1958年静岡市生まれ。1981年多摩美術大学卒業。1985年に漫画家デビュー。2000年『時事おやじ2000』(アスペクト)、『ゆるゆるオヤジ』(文藝春秋)で第46回文藝春秋漫画賞受賞。2001年には『弥次喜多 in DEEP』(KADOKAWA)で第5回手塚治虫文化賞・マンガ優秀賞受賞。2011年『あの日からのマンガ』(KADOKAWA)で第15回文化庁メディア芸術祭マンガ部門優秀賞受賞。2013年『赤城乳業 BLACK シリーズ』で第50回ギャラクシー賞CM部門優秀賞、第53回ACC賞テレビCM部門ACCシルバーを受賞。2014年には平成26年春の叙勲紫綬褒章受章。

『あの日からのマンガ』から学ぶ！ 災害に対する「準備」の大切さ

そろそろもっと必要としてる人に電話回線ゆずった方が

［出典］『あの日からのマンガ』著：しりあがり寿 発行：KADOKAWA（初出 朝日新聞夕刊』2011．3．22 朝日新聞社「地球防衛家のヒトビト」）より

◀災害時には必要最低限の通話にとどめることも大切。

災害時の連絡手段をあらかじめ確認しておこう

２０１１年３月11日におきた東日本大震災の後、震源地から遠い地域もかなり大きくゆれたため、広い範囲で大混乱がおきました。家族や友人の様子が気になり、たくさんの人がいっぺんに電話をかけました。結果、電話がかかりにくくなってしまいました。とくに携帯電話は数日間にわたって不通状態が続きました。

大規模な災害が発生した時の連絡手段として携帯電話が通じにくいことが過去数回の経験からわかってきました。しかし東日本大震災の時にもＰＨＳ電話は比較的通話が可能でした。また公衆電話も通話可能な例が少なくなかったようです。

電話での通話以外の連絡手段も考えましょう。例えば携帯電話も通話よりもメールの方が通じやすかったことがわかっています。また、インターネット回線を使った連絡手段、例えばＴｗｉｔｔｅｒやＦａｃｅｂｏｏｋ、Ｌｉｎｅなどを使うことも考えておくといいでしょう。

今までの常識や未来や色んなものが渕の中に吸いこまれていく

常識にとらわれず常に準備をしておく

海底に地震の震源地がある場合、津波の発生を想定しておくことが以前から必要であるとされていました。しかし、東日本大震災のような津波が来るとは思っていなかった人も多かったようです。予想された津波の高さがたとえ1メートルていどだったとしても海岸の地形によっては大きくはね上がる可能性もあります。

予想をこえる規模の地震は、津波だけでなく沿岸部や川沿いの地域で液状化現象をおこしました。結果、水がわき出したり建物がかたむいたり、水道やガス管が破損したりとさまざまな被害が発生しました。

大規模火災や建物の倒壊だけでなく、絶対安全と言われた原子力発電所も事故をおこしてしまいました。特に福島第一原子力発電所は水蒸気爆発をおこし、のちにメルトダウンと認めざるをえない規模の事故であったことがわかっています。「こんなところまで津波は来ない」とか「原発は絶対に安全だ」などの、常識にとらわれず、あらゆる事態を想定し準備をおこたらないようにしましょう。

▲川を下る双子のおやじ。地震がおきて、地割れで川がたちきれてしまう。

[出典]『あの日からのマンガ』著：しりあがり寿　発行：KADOKAWA（初出『小説宝石』5月号 2011.4.22 光文社「川下り双子のオヤジ」）より

液状化現象とは？

地震によって、地盤が液体のようになってしまうこと。地盤は、砂や水、空気などが混じって構成されていますが、通常はそれらが安定しています。しかし、地震の大きな揺れによって、状態が不安定になり、砂と水が分離することで、地盤の沈下や亀裂がおこります。これによって、道路にヒビが入ったり沈んだり、建物がかたむいたりします。東日本大震災では、震源地から離れた東京湾周辺でも液状化現象による被害がありました。

「まるで……地底の怪物が舌でも出しているような感じだ」

まるで……
地底の怪物が舌でも出しているような感じだ

▲三松は昭和新山が形成されていく光景を目の当たりにする。

ほとんどが実話をもとに描かれた手塚治虫の中でもめずらしい半ノンフィクション火山誕生ストーリー。

昭和18年（1943年）末、北海道の有珠郡で地震活動が始まります。その後、年が明け鳴動は続いていき、次第に地形の隆起が始まっていきます。本土から流れてきたスリのならず者、井上昭和は有珠郡壮瞥町の小さな郵便局長の三松正夫にやとわれ、地形の隆起の観測を手伝います。その年の夏に地形の変動は本格的になり、年末から翌年にかけて、後に昭和新山と名づけられる山が形をなしていきます。昭和20年8月15日の終戦とともに、活動はおさまりを見せ、9月20日にその活動は終わり昭和新山ができあがります。

「噴火は地球内部の活動を知る最大のチャンス」という言葉にしたがった三松は危険をかえりみず、地震が始まった昭和18年からずっと、昭和新山の活動の記録を取り続けていったのでした。その時、彼が開発した測定法はのちに「ミマツダイヤグラム」と名づけられ、観測記録は世界的評価を受けます。

作品紹介 『火の山』
著：手塚治虫　発行：手塚プロダクション

火の山
手塚治虫

『火の山』Kindle版の表題作。他4作の短編を収録。2014年4月25日発売。手塚治虫作品にはめずらしいノンフィクションの色こい佳作。三松正夫が主人公として実名で登場している。地名や当時の環境についても、井上昭和という相方の人物以外はほとんど取材にもとづいて描かれている。三松の生き方を描こうとした手塚の姿勢がうかがえる。

災害を恐れることなく災害に立ち向かって道を開いていく観測者。

三松の観測活動は困難の連続でした。戦争中で食料の供給すらままならなかったとき、役所、民間のだれからも観測活動に理解をえられませんでした。たったひとりで観測資材を自作し、突発的な火山活動により降りかかる被害を恐れず、不気味に活動を続けていく新山のすぐ近くに観測所を設け、測定を続けていきました。彼の唯一の理解者はよりそってくれた妻だけでした。

三松は何度も死の危険にとなりあわせ、それでも観測記録を取り続けていったのです。新山の活動が終了した後も、彼は新山の採掘などを行う山師が多数入りこんできたことを知ると、昭和新山をそのまま後世に残すべく、私財を投げうって土地を購入します。そのかいあって昭和新山は現在、国の特定天然記念物に指定され、日本ジオパーク、世界ジオパークに認定されています。

彼のような活動を行う研究者の存在が、世界の地質学、災害対策を大きく発展させるもとになっているのです。

地震災害はたしかに人類にとって最大の脅威でしょう。しかしただにげてばかりでは、災害を克服していくことはいつまでもできません。災害に立ち向かっていった勇気ある研究者の存在を忘れてはいけないのです。

◀昭和20年1月10日、夏から秋にかけて造山運動を繰り返していた、山の形をはっきり観測できた。

著者プロフィール

手塚治虫

1928年(昭和3年)生まれ。虫プロダクションを設立し日本初、テレビアニメシリーズ『鉄腕アトム』を制作、発表。『ブラック・ジャック』『三つ目がとおる』『ブッダ』他、多数の名作を執筆。また青年コミック誌上でも傑作を多数発表、『陽だまりの樹』『アドルフに告ぐ』などを残す。デビューから死去まで常に第一線で作品を発表し、「マンガの神様」と言われた。

昭和18年、たった2年で出来た北海道の火山

第二次世界大戦中の昭和18年、有珠郡壮瞥町に突然地震が続き、たった2年間の間に、麦畑が隆起して山ができました。この山は後に昭和新山と名づけられます。当時は戦争中で人も物資も不足しており、郵便局長の三松正夫は私材を投げうって、この火山活動の観測を続けていきました。昭和22年、彼の活動はオスローの「万国火山会議」で高い評価を得ることになります。彼が描きつづった観測記録は「ミマツダイヤグラム」と名づけられ、世界の地震研究家から絶賛されました。国内でも「第1回北海道文化章」他数々の賞をとり、その功績が認められました。

「男の夢ってのはな、ムチャクチャなほど面白いんだぞ…!」

青函連絡船が沈没!

1954年9月26日、主人公の父を乗せた青函連絡客貨船「洞爺丸」は、「第11青函丸」、貨物船「日高丸」、「十勝丸」、「北見丸」とともに台風15号におそわれ、乗客乗員計1430名を乗せたまま津軽海峡の底にしずみました。

「父さんの夢は僕がかなえるからね…!!」父の遺志を引きつぎ、主人公の青函トンネル工事に賭けた人生が始まったのです。しかし、長大なトンネル工事には膨大な予算と時間がかかり、過去には多くのぎせい者が発生したことから青函トンネル不要論も出るなど測量の段階から課題山積でした。

1963年9月、調査抗（トンネル）掘削

◀ホラと言われようと、壮大な夢を実現しようと努力することこそが大事なのです。

の許可がようやく出ます。ここから度重なる出水災害との戦いが続きます。海面下200〜300メートルの地底。頭の上は海という恐怖。大型ポンプでわき水をくみだし続けますが、大規模な出水災害が発生すると、ニュースは「青函トンネル水没か!?」などと報道しました。

大陸縦断弾丸列車計画とは？

戦前、日本は朝鮮半島、満州、樺太の南半分を統治していたことから、本州・東京と九州、四国、北海道はもちろん、これらの地域を鉄道で結び、中国大陸からは南進、西進して、果ては遠くモスクワ、ベルリン、パリへ。そしてドーバー海峡トンネルを経てロンドンまで超特急を走らせようと考えた技師達がいました。

当時はホラ吹き呼ばわりされましたが、実際に昭和17年には関門トンネルが開通し、九州は首都東京と地続きになりました。主人公の父はそんな先人たちの空想が大好きだったようです。

トンネルは人と人を結ぶ。

最先端の技術と創意工夫の数々により、1985年3月10日にトンネルがついに貫通。1988年3月13日、特急はつかり10号が8時11分に青函トンネルに入りました。そして2016年3月16日、北海道新幹線が新函館北斗駅まで到達したのです。

たしかにトンネル工事は膨大な費用がかかり、わき水のくみだしなどふくめ維持コストもかかります。しかし海上災害ととなり合わせの連絡船とちがい、青函トンネルは安全・快適に本州と北海道を結びます。物流の安定性だけでなく、はなれた土地の人と人を精神的にも強く結びつけ、きずなを深めるのです。

目先の短期的な利益にとらわれず、大局的視点で考え、強い信念のもとに大きな夢を実現する努力の大切さを青函トンネルは教えてくれているのです。

作品紹介

『ドキュメンタリーコミック 青函トンネル』

著者：石ノ森章太郎　発行：講談社

本州青森と北海道函館を結ぶ、全長53.85kmにおよぶ前代未聞の海底トンネル構想。だれもがホラ話と笑った夢物語だったが、1954年に台風が青函連絡船をおそい、1430人が犠牲になると構想は具現化。日本の土木技術の粋を集め、実現に命をかけて奮闘努力した人々のトンネル人生を描く実話をもとにしたドキュメンタリーマンガ。

著者プロフィール

石ノ森章太郎

1966年第7回講談社児童まんが賞受賞。1968年第13回小学館漫画賞。1981年日本漫画家協会常務理事に就任。1988年、第17回日本漫画家協会賞・大賞を受賞。1998年に死去。後に勲四等旭日小綬章、第27回日本漫画家協会賞・文部大臣賞、第2回手塚治虫文化賞・マンガ特別賞などを受賞。2008年には「一人の著者によって出版されたコミックの記録」としてギネス認定された。代表作は『サイボーグ009』『マンガ日本経済入門』『佐武と市捕物控』『HOTEL』など多数あるが、『仮面ライダー』シリーズや『人造人間キカイダー』など特撮ドラマの原作を手がけると同時にマンガ連載したものも多い。

「――あれほど何もかも破壊しつくした大地震でさえ壊せないものがあった それは神戸の人たちの心だ――」

災害時における正確な情報の大切さ。

「阪神・淡路大震災」の取材のため、神戸へ入った主人公の谷一平は、地震による大きな被害の中で、身分も年齢も関係なく助け合い、懸命に救助活動をする人々を目にします。しかしそれは、地域の消防や警察など地元組織であり、国や県からの大規模支援部隊を見ることはほとんどありませんでした。

被災した脱出困難者の生存限界は、一般に72時間と言われています。救出率や生存率は時間とともに急激に減っていくため、救助隊や機材が、素早く数多く投入される必要があるのです。しかし、この災害では、地震で通信網や道路が寸断されたこともあり、新聞やテレビの報道、地域の組織の連絡網以外、現場の状況を知る手段がありませんでした。また政府関係者であっても事態の把握が困難で、その結果、現場近くに自衛隊の部隊がいるにもかかわらず、連絡の不備による災害救助要請のおくれが発生し、貴重な時間をむだにしてしまったのです。

どんなことでも、物事に対して正しい選択をするには、正確な情報が必要です。そのためには、情報を得るための手段をできるだけ多く確保し、集まった情報が正確かどうか見極めることが大切です。いざというときのために、日ごろから本を読んだり、映像を観たりして色々な知識をたくわえ、また、論理的に物を考える訓練をしておくのも良いかもしれません。

作品紹介 『こちら大阪社会部 阪神大震災編』
原作：大谷昭宏　作画：大島やすいち　発行：大島プロダクション

大手新聞社社会部に務める新聞記者、谷一平の活躍と成長を、実在の事件をモチーフに描いた『こちら大阪社会部』の続編。

大阪で『阪神・淡路大震災』に遭遇した主人公の谷一平は、記者仲間と共に被害の大きい神戸の被災現場に入る。そこで見たものは、地震によるすさまじい破壊のあとの中で助け合う人々の姿だった。ビルや住居の倒壊、家族や仲間の死、届かぬ政府の支援など混乱し厳しい状況が続く現場を取材する。そして彼は、記者仲間になるはずだった、顔見知りの学生の死を知る。

自然災害に対抗するには 人と人のつながり、事前の準備が必要。

作中で主人公や、被災地の一部の人達は、圧倒的な規模で破壊しつくされた都市や建物、道路を見て、形あるものはいつか崩れるのだと無力感を覚えます。そして対応の遅い政府や自治体への怒りを経て、人と人のつながりこそが大切なのだという考えにいたります。

地域住民とのつながりをもつことはもちろん、訓練や備蓄、住居環境の見直し、連絡手段、避難経路などの確認など、被害を減らすために、事前にできることはたくさんあります。これまでの記録に残っている災害の最大規模が、今後も最大である保障はどこにもありません。想定外の事態に備えましょう。

あのマグニチュード7.2
震度7の激震
あれほど何もかも
破壊しつくした
大地震でさえ壊せ
ないものがあった
それは
神戸の人たちの
心だ――
▶形あるものすべてを破壊しつくす大震災。しかし愛する人を思いやる、人の心は不滅だ。

著者プロフィール

原作：大谷昭宏
1945年生まれ。東京都目黒区出身。読売新聞社にて新聞記者を務めた後、自身の経験を元に漫画原作を手がける。本作の主人公は原作者自身をモデルとしている。

作画：大島やすいち
1971年『週刊少年サンデー新人漫画賞』入選作『青春の土』にてデビュー。林律雄原作の『おやこ刑事』や、『バツ&テリー』などを代表作とする。

阪神・淡路大震災とは？

1995年1月17日5時46分頃に、関西地方の明石海峡（深さ16km）を震源とする、マグニチュード7.3、最大震度7の地震『兵庫県南部地震』が発生しました。

この地震とそれに続く余震は、木造家屋の倒壊や、火災を引き起こし、兵庫県を中心に、死者・行方不明者6437名、負傷者43792名、家屋被害65万棟以上という甚大な被害になりました。後に、この大規模地震災害は、被害の大きかった地域の名をとって『阪神・淡路大震災』と呼ばれることとなりました。

想定外の災害であったこともあり、政府や自治体の対応はおくれ続けましたが、一方でそれに先立ち、民間団体や個人、企業の支援活動が自発的、自然発生的に数多く行われ、生活復旧を支えました。この個人での支援活動は、ボランティア（無償奉仕）活動が一般化するひとつのきっかけとなりました。

この大規模災害での苦しい経験から学んだ教訓は、続く災害における各種法整備や対応マニュアルの作成、防災技術の進化のきっかけとなり後に生かされました。

そしてこの瞬間後に「震災ボランティア」と呼ばれた活動が始まったのである。

震災ボランティアが生まれたきっかけ。

1995年、阪神・淡路大震災から数時間後、林浩は、同じ被災者の瀬畑という男性に出会います。瀬畑はリーダーシップに優れ、仲間と共に小学校に設けられた避難所の運営を手伝う事になります。瀬畑の適切な指揮で収容避難場所（避難所）はなんとか運営されていきますが、数日後、行方不明だった瀬畑の家族の死亡が知らされます。彼は悲しみにしずみ、避難所の活動も上手くまわらなくなりました。しかし、それと同時に今まで立場上非協力的だった、避難所の小学校校長が、ふっきれたように協力を申し出るのです。

震災当日は、まだ政府も自治体も、被害規模の把握すらできていない状態でした。援助がない中、自然発生的に被災者の中から有志の人間が立ち上がり、避難所の管理運営を買って出ることが多かったようです。このことが、後に日本でボランティアが一般化する第一歩となったのですが、もちろん当時、本人達

▲「震災ボランティア」はこうして始まった。

神戸在住

にその自覚はありませんでした。ただ、無償の善意、行動しないことへの後ろめたさ、なにかすることで気をまぎらわせたいなど、人それぞれの理由で、奉仕活動を始めたのです。

人材の多様さが大事。

多様な人が働く現場では、リーダーの存在が不可欠です。しかし、リーダーに負担がかかりすぎれば、たおれてしまうかもしれません。同じひとりの人間にたよりきってしまうのはよくありません。人材の多様さがあれば、代理の人材は出て来るものです。

集団で何かを行う時は、自分の割り当ての作業だけでなく、全体に目を配ることを心がけ、そして、他の人の作業もできるようにしておきましょう。みんなが、そうやって作業分担をカバーしていれば、トラブルがあった時に被害を最小限にすることができるのです。

収容避難場所とは？

収容避難場所（避難所）は、災害発生時に緊急避難措置として、宿泊や食事などの最低限の生活を提供する場所です。自治体の地域防災計画より、小中学校や公民館などが指定され、指定地には資材や食料を保管した防災倉庫が設置されています。

自治体職員が災害発生直後に必要に応じて開設するのが正規の手順ですが、実際の大災害時には『神戸在住』のように、集まった被災者自身が自発的に開設し、運営にあたっていくケースが少なくありません。

避難所では、災害という大きなストレスの元、出自のちがう大人数が、プライバシーのない状態で集団生活することになります。その結果、どうしても食料をめぐる争いや、弱者への迫害など、人間関係上の問題も数多く発生します。これをおさえるためには、開設後すぐに運営の中心となる人を選び指揮系統を確立し、またできるだけ公平で、だれもが納得できるルールのもと、運営していく必要があります。

著者プロフィール

木村紺

本名、年齢、性別ともに未公開の覆面作家。1997年冬『神戸在住』にて、『アフタヌーン四季賞』受賞、翌年同作でデビュー。代表作に、焼鳥屋が舞台のコメディ『巨娘』、お嬢様学校の柔道部を描いた『からん』などがある。2002年『神戸在住』にて、第31回日本漫画家協会賞新人賞を受賞。

作品紹介

神戸在住

著：木村紺　発行：講談社

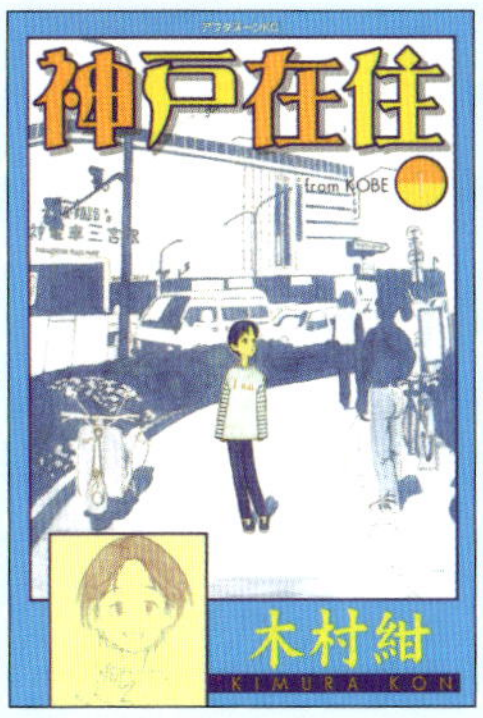

1990年代後半の兵庫県神戸市を舞台に、主人公、辰木桂と友人達の大学生活と人間模様を、エッセイ風にほぼ一話完結で書いた作品。第3巻を中心に友人の体験談として『阪神・淡路大震災』が描かれ、当時その場にいた人間の行動や思いが等身大に描かれている。

主人公とその友人の林浩達は、神戸で大震災にまきこまれ、なりゆきで避難所の仕事を手伝うことになる。偶然その場にいあわせた若者たちは、同じ被災者でありながら優れたリーダーシップを発揮する瀬畑とともに、避難所の設営や運営を進め、住民の救出、遺体の搬送、棺おけ作りなど、非日常的な日常の日々を送っていく。

当事者ではない自分達の無力さを痛感した主人公・ミヤギ。

1995年、阪神・淡路大震災の時、ボランティア活動のためにオートバイで現地入りした主人公のミヤギは、テレビの向こうの世界のように感じていた被災地が、自分が日常生活を送っている現実の世界と地続きだったこと、バイクで走って行けることにショックを受けます。そしてそこで出会った、傍観者をきどる男タカヒラや、他のボランティアにいらだちをぶつけ、また、状況を変えられない自分の無力さにも怒りを感じます。

しかしミヤギは、タカヒラから、自分達は当事者ではない、自分の都合で勝手に来ただけの「傍観者（ただ見ているだけの者）」だ、きれいごとや理想論では現実は変わらないと言われてしまい、反論することができませんでした。

「あなたが行動していれば ここの色々な事が変わったはずなんだ」

▲全国から集まった救援物資。迅速に分配されず山のようにたまってしまっている状況にいきどおる主人公。

作品紹介 『モーティヴ―原動機―リフュールド VOL.0』第4話「素敵な戦争」
著：一色登希彦　発行：少年画報社

オートバイとその乗り手の青春模様を描いたオムニバスシリーズの一篇。2003年『イラク戦争』が起き、国際社会の中で日本の立場が問われました。この時主人公のミヤギは、8年前の阪神・淡路大震災のボランティア活動のことを思い出していました。傍観者としてテレビを見ているだけの自分がいやになり、一週間の時間を作って被災地をおとずれた彼は、率先してバイクによる援助物資輸送部隊を組織します。そんな中、彼は、物資倉庫のかたすみにいすわり、すべての物資の場所を知りながらも、ほとんど手伝わないタカヒラと名乗る男に対して、なまけていることを責めました。しかし、ミヤギは、タカヒラに「青くさい思想と行動の空まわり」を見すかされ、直接の当事者ではない自分達は「しょせんは傍観者であり、理想論だけではどうにもならない事はある」と論破されてしまいます。

傍観者であるとしても、被災者に寄り添うことはできるはず。

ミヤギはあきらめずに考え続けます。そしてついに「当事者と傍観者になんてわけられないってことだよ　タカヒラさん!!」と、8年後に思いいたります。その時テレビは、まるでゲームの画面のようにイラク戦争の映像を伝えていました。しかし報道は現実の世界を映し伝えているのであり、決して「向こうの世界（ゲームの中の架空世界）」などではありません。現実世界の「どこかを切り取って」伝えているものであり、その「どこか」は、私達の日常から、距離が離れているだけの場所なのです。遠い世界の災害や戦争は、あなたの生活や人生に何の影響もないと感じるかもしれません。戦争や災害にまきこまれた、当事者の気持ちは、そうでない者は察することしかできませんし、成りかわることなどできません。その意味では、当事者以外は、すべて傍観者であるとも言えます。しかし、被災者に寄りそうことはできるはずです。寄りそう形はさまざまです。ボランティア活動や募金活動だけでなく、防災や、被害を最小限におさえる方法を考えることもそのひとつです。また、被災者の様子を地域以外の人々に伝えることも大事なことでしょう。

ミヤギは、自分は単なる傍観者ではないと自分に言い聞かせ、世界の今をテレビで伝えようと、放送作家になろうとします。自分の目線で世界を知り、自分の思いで当事者に共感し寄りそって行動し、それを伝えることが大切だとミヤギは思ったのでしょう。他者に共感することは自分自身を成長させることにもつながります。行動することは自分と世界の状況を変えることに必ずつながっていくのです。

ボランティアとは？

「ボランティア」とは、「志願兵」や「義勇兵」という意味を持つ言葉ですが、日本で一般的に使われる場合は、自主的に社会活動や奉仕活動に参加する人のことを指します。

ボランティアには、だれかからの強制ではなく自分で始めるという「自発性」、精神的なもの以外の報酬をえない「無償性」、自分ではなく他の人に利益を与える精神「利他性」、新しい支援を自発的に率先して行う「先駆性」の4つの原則があります。だれかに強制されることなく、自分で始める奉仕活動ですから、移動手段や食料は自分持ちが基本で、作業を引き受けるかの判断、けがや金銭的な不利益などもすべて自己責任となります。

日本では、1995年の阪神・淡路大震災当時、多くの市民による被災地への労働支援が起きたことがきっかけとなり、全国にボランティアの概念が広まったと言われています。

▲バイクなら荒れた路面でも進めるが…。

著者プロフィール

一色登希彦
東京都出身。1993年『最強ロボ・ゴンタ2号』にてデビュー。代表作に、小松左京原作の『日本沈没』、ジョッキーの武豊を原案とする『ダービージョッキー』などがある。師匠は細野不二彦。

「わたしなら、100億円つけたって安いもんだがね」母親の値段は、

2008年、現実におこった、岩手県を震源地とする直下型大地震に一致する『ブラック・ジャック』の地震災害エピソード。

東北の小さな町の開業医「手瀬間病院」は、院長が自宅開業しているため、入院患者用のベッドがつねに不足していました。そこで入院患者が来るたびに、自分の母親のベッドを開けて、その部屋に入院患者を収容していました。そんな時、地震がおこります。寝泊まりするあてのない院長の母親は、山中の無人のあばら家にとどまって夜つゆをしのいでいました。しかし、地震によってあばら家は崩壊し、そこにかけつけたブラック・ジャックは、半死半生の彼女をがれきの下から救出します。そして急いで手瀬間病院の息子の元に運びこみます。

自分の母親の傷ついた姿を見た院長である息子は、その時病院におしかけてきていた多数の地震被害者のけが人たちをおしのけ、母親の手当てをしようとかけよってきます。

6月14日午前8時ごろ
東北一帯にマグニチュード7.5の地震発生
手瀬間病院
手瀬間胃腸病院

▶2008年におこった岩手県の地震の予告かと、うわさされたひとコマ。

実際におこった地震の予知マンガと言われた作品

2008年6月14日8時43分、岩手県を震源地とするマグニチュード7.2の直下型大地震（逆断層型）が発生します。ここで紹介した「もらい水」は1978年7月24日『週刊少年チャンピオン』に掲載されました。

作中には年号は書かれていませんが6月14日8時頃、東北一帯にマグニチュード7.5地震が発生するお話です。2008年の30年前に描かれた漫画の、現実との一致は、「予知マンガだ」として話題を呼びました。

ブラック・ジャック

ブラック・ジャックが息子の医師に告げた言葉の真意は？

しかしブラック・ジャックは災害の救助現場という緊急事態の中で、自分の母親に対してあまりにも思いやりが欠けていた息子の医者の態度に怒りがこみあげてきます。そこでブラック・ジャックが言ったのがこの言葉です。

医者はだれの命が大切か、それに順番をつけて良いのか？　この時のブラック・ジャックの怒りは、それ以上に人としての医師のふるまいに対してでした。医者も職業のひとつである。その仕事がどれだけ緊急でいそがしいからと言って、自分の家から他に行くあてもない母親を追い出すなど、人間として最低の行為だと、その医師をしかりつけたのです。人の心を忘れて、医術を商売としか見ない医師に、怒りの警鐘を発した言葉でした。

人の命と気持ちを大切に感じとる心が、生きていく上では絶対に必要です。それは職業が医者であっても同じなのです。医師である以前に人間であれと、ここでブラック・ジャックは教えたのです。

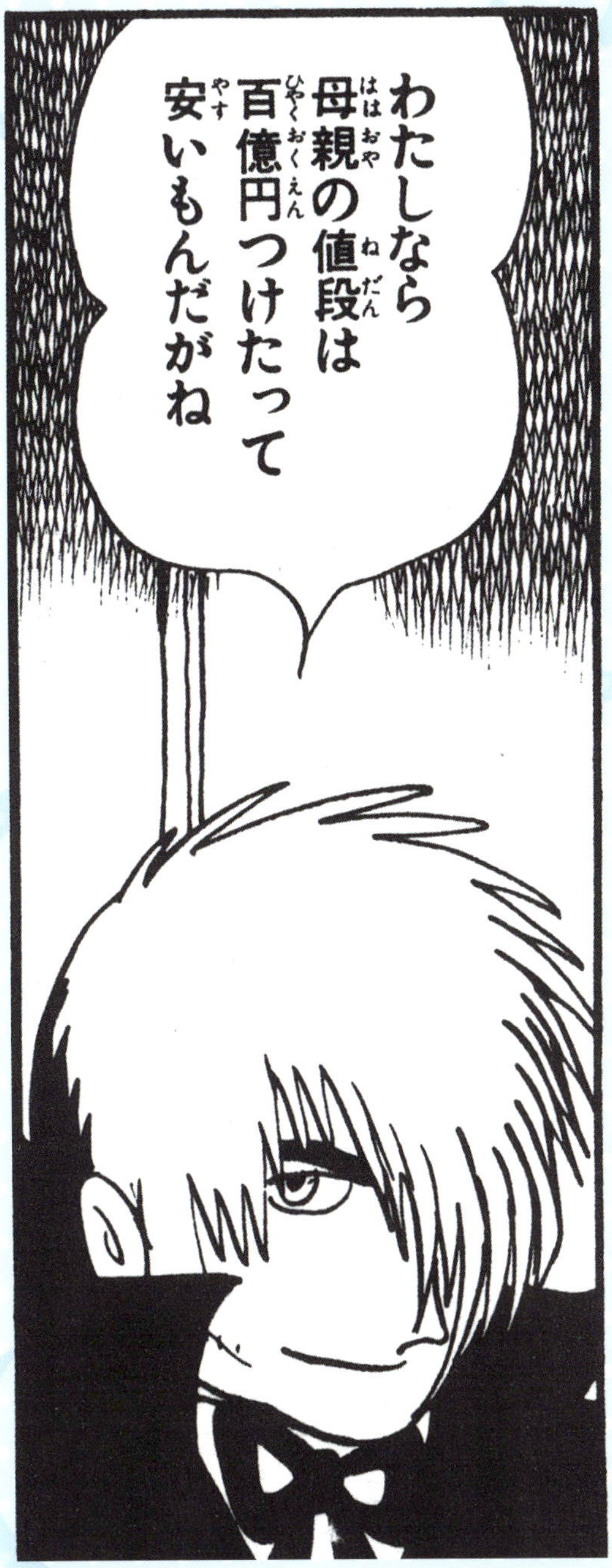
わたしなら
母親の値段は
百億円つけたって
安いもんだがね

▲ブラック・ジャックの一言は、常に人の心に突き刺さる。

著者プロフィール

手塚治虫

1928年(昭和3年)生まれ。虫プロダクションを設立し日本初となるテレビアニメシリーズ『鉄腕アトム』を制作、発表。『ブラック・ジャック』『三つ目がとおる』『ブッダ』他、多数の名作を執筆。また青年コミック誌上でも傑作を多数発表、『陽だまりの樹』『アドルフに告ぐ』などを残す。デビューから死去まで常に第一線で作品を発表し、「マンガの神様」と言われた。

ブラック・ジャック
17
SHONEN CHAMPION COMICS
手塚治虫

作品紹介

『ブラック・ジャック』第158話「もらい水」

著：手塚治虫　発行：秋田書店

『週刊少年チャンピオン』誌上で1973年11月19日号から1983年10月14日号まで掲載された全242話。手塚治虫の『火の鳥』『鉄腕アトム』と並ぶ代表作。無免許医師ブラック・ジャックが、世界をまたにかけ、奇跡のメスをふるい数々の困難な外科手術を行っていく。それを通して医術とはなにかを問いかけていく作品。

「朝比奈くん、くやしい……わたし…生きて帰りたい！」

▲火災にかこまれたとき、落合先生は大吾に生き残る決意を語る。

どんな困難な状況でも、救出をあきらめない大吾のレスキュー魂が爆発。

朝比奈大吾は、めだかヶ浜出張所勤務の若き熱血消防官。彼は千国市で発足した「消防機動救助隊」要員に推薦されます。彼が以前から恋心をいだいていた落合先生は、昆虫学者を志して大学の聴講生になり、そこから知り合った生物学の教授の研究調査に同行を志願、インドネシアのスマトラ島に旅立ちました。しかし、そこで森林大火災が起きてしまいます。

落合先生をふくむ日本からの研究団体は現地で消息をたち、それを知った大吾は、消防機動救助隊の出動を待てず親友の甘粕とともにスマトラ島に向かいました。ふたりはスマトラの火災現場で現地の避難民を誘導していた日本の調査団の一行を発見し、なんとか救出に成功します。しかし大吾は、遭難しておきざりになっていた落合先生を救出するために、再び山火事の中へもどっていくのです。

作品紹介

『め組の大吾』
著：曽田正人　発行：小学館

第42回小学館漫画賞、第2回文化庁メディア芸術祭マンガ部門優秀賞受賞作品。

幼いころに火災に巻きこまれた朝比奈大吾は、落合に自分の夢の職業が消防士であったことを教えられる。その後自ら消防士を目指し、採用試験に合格する。千国市消防学校で研修、千国市消防局めだかヶ浜出張所に配属される。

物語終盤で落合と結婚し、娘が誕生する。レスキューから一時期引退した大吾は、再度甘粕に説得され、再び危険な災害現場へ向かう。大吾は、そこでも危険を一切かえりみない捨て身の救助作業で、見事要救助者を全員生還させる。

め組の大吾

どんな困難な状況でも、あきらめたら負けだ。

山火事の中、何日もかけて避難民を誘導し、ついに力つき、けがをしてたおれていた落合先生を、大吾は火事の中で発見します。燃えさかる炎の中から助け出そうとしますが、彼女には大吾についていく力が残っていませんでした。落合先生はすべてをあきらめかけていましたが、大吾の、それでも火災に立ち向かい、決して生き残ることをあきらめない執念を目の当たりにして、もう一度生き残ろうという気持ちがわきあがってきます。その気持ちを大吾に伝えたのがこの言葉です。

命をかけて自分を助けに来た大吾の前であきらめてなんかいられない、絶対に生き残って、火災から生還して見せるという力強い気持ちが伝わってくる一言です。

シンガポール、マレーシアで深刻な問題となっている煙害

シンガポール、マレーシアで毎年6月から9月ごろまでの間、大きな問題となっている煙害は、インドネシアのスマトラ島での火災に原因がありました。火災は野焼きなどが原因でスマトラ島の熱帯林を伐採した土地で発生しています。火災が続くことは地球の温暖化にも繋がる深刻な問題とされています。

著者プロフィール

曽田正人

東京都出身。1990年「マガジンSPECIAL」（講談社）掲載作品『GET ROCK』でデビュー。以降、作品の掲載は講談社・秋田書店・小学館の3社にわたる。『め組の大吾』で第42回小学館漫画賞を受賞。『capeta』で第29回講談社漫画賞を受賞。『GET ROCK』（講談社）『シャカリキ！』（秋田書店）『め組の大吾』（小学館）『め組の大吾火事場のバカヤロー』アニメ映画化。『FIRE BOYS ～め組の大吾～』テレビドラマ化。『昴』（小学館）『テンプリズム』（原案：瑞木奏加、WEB上で連載）など。

◀落合静香の言葉に勇気づけられ、彼女を連れて火災からの生還を確信する大吾。

「やれることをきちんとやり遂げらんねぇことが、恥なんだとよ。」

水上での災害では人はいとも簡単に命を落とす。

東京23区の東側下町・湾岸部には運河や河川が縦横に流れています。橋が数多くかかり、水辺は公園や散歩道になっているところも多く、また観光船や通勤通学をになう水上バス、荷物や資源、ゴミなどを運ぶ船も数多く行きかい、川は生活の一部になっています。

陸上で火事や交通災害がおこるのと同様に、水上や水際でもさまざまな事故や災害がおこります。そこで消防庁管内に、水難救助活動が可能な部隊が配置されました。水上での事故・災害救難活動に加えて、消防ポンプ船などで火災消化活動も行う厳しい職場です。

人は陸上の生き物なので、水上、水中での災害では、いとも簡単に命を落としてしまいます。陸上にくらべ救助活動がより困難なケースも多く、主人公も救助活動の際に被災者の命を救うことができず悩み苦しみます。

▲水難被災者の命を救うことができず落ち込む主人公にアドバイスをおくる先輩。

著者プロフィール

高田靖彦
1992年第一回スペリオール大賞を受賞し、小学館からメジャーデビュー。代表作として『演歌の達』、『篤き志』、『ざこ検』、『ボールパークへようこそ』、『ほたる～真夜中の歯医者～』など。

落ち込む気持ちを前向きにする努力。

救助隊員も死ととなり合わせです。例えば、火災現場で使う防火服のまま、船から落ちると装備の重さなどでごく短時間しか浮けずおぼれてしまいます。消防士、救急救命士の技術に加え潜水作業のスキルも要求されます。東京湾や近隣河川は、近年かなり水質が改善されたものの、ヘドロやゴミもまだ多く、数十センチ先も見えないこともあります。手探りで泥まみれの死体を引き上げるつらい作業に、主人公は体も心も疲れ果て、自信を失ってしまいます。それでも落ち込む気持ちを上に向ける努力をする。それがプロに求められる力であり、主人公の目指した職場なのです。職場の先輩は気分転換につきあいながら「中身のつまった生き方をしねぇとな。仕事に押しつぶされねぇようによぉ」と主人公にアドバイスを送ってくれたのでした。

水難救助隊の消防車や救急車は特別仕様!?

東京消防庁には６つの水難救助隊が配置されており、東京湾岸部臨港署の大型消防艇「みやこどり」や、少し内陸の下町地区の水深の浅い河川でも入ることが可能な小型救助艇の「はるみ」などがあり、これらが船舶版の消防車、救急車にあたります。

また、陸路を使って現場に駆けつけた方が早い場合には水難救助車両が出動します。汚水にもぐった後、利用する簡易なシャワー室やクレーンなどを備えており、見た目は普通の赤い消防車両のようですが水難救助隊ならではの装備を備えています。

◀可能であれば水上からも消火活動や救助活動を行う。

作品紹介

『みぎわ　水辺の消防署日誌』
著者：高田靖彦　発行：小学館

東京湾や周辺河川で起きる水上火災、そして水上事故を管轄する東京消防庁の新人消防隊員の苦悩と活躍を描く。陸上の消防隊員とは大きく異なる水上ならではの過酷な救助マンガ。

だれかを助ける前に自分の命を守ることも大切。

雪山でのパイロット救出訓練のさなか天候が悪化し、主人公の川島遥風は、女性自衛官嫌いの救護員（メディック）瀬南と、一晩野営をすることになります。極めて手ぎわよく野営の雪洞（深く積もった雪に横穴をほって休めるようにする）を整えた瀬南は、手ぎわのよさに感心する川島に対して「自分の命も守れないうちに、人を助けたいなんて思い上がりですよ」と、救護員としての自分の信念を語りました。航空救難隊では、要救助者にわずかでも生存の可能性があれば、命をかけて救助を行いますが、同時に二次遭難や、隊員や機体が損傷することで他の任務にあたれなくなることなどもさけなくてはなりません。

誰かがこまっている時に手をさしのべることは、人として自然ですが、その行動で自分や仲間を犠牲にしては元も子もありません。あなたが傷つけば、あなたの未来はせばまりますし、それを悲しむ人もいます。そのことを忘れず、冷静な判断をすることが大切です。

「私は救難をやる限り誰も死なせたくも見捨てたくもないんです！」

▲川島は純粋な思いを語るが……。

作品紹介

『航空自衛隊小松基地救難隊 レスキューウィングス ゼロ』
著：トミイ大塚　発行：KADOKAWA MFコミックス

航空自衛隊で、救難ヘリコプターのパイロットを務める女性自衛官の活躍と葛藤を描いた作品。亡き父の意思を継ぎ自衛官となった主人公の川島遥風は、小松基地所属の航空救難隊に配属される。救援任務や災害派遣への出動、厳しい訓練などで忙しい日々の中、遥風は女性自衛官を嫌う同僚からの視線や、失敗への後悔、未熟な腕への反省など、さまざまな悩みを抱える。しかし、彼女はあきらめない心で、それらを乗りこえていく。2008年に実写映画化された。

限られた選択肢のなかでできることをする。

炎上する魚船への海難救助を行う中で爆発がおき、救難ヘリコプターの機長（操縦士）が負傷、主人公の川島が代わりに操縦をになうことになります。その時、隊の知り合いが搭乗する航空自衛隊のＦ－15Ｊが消息不明になったとの連絡が入り、川島機は、現場を仲間のヘリにまかせて、捜索機とともに救難に向かいました。

捜索の結果、要救難者を見つけますが、川島の機体には、既に帰還する分の燃料しか残っていませんでした。クルーと機体を危険にさらして顔見しりでもある要救難者を助けるか、あるいは見捨てるかの判断をせまられます。機長は「我々は万能ではない…」と告げながらも、彼女のあきらめない心を、限界を突破していくことのできる底力へと育てるべく後押しをするのです。そして、彼女は災害救助の際に聞いた無線をヒントに打開策を見出します。

彼女はたとえ限られた選択肢しかない状況にあっても、最後まであきらめず「だれも死なせない、見捨てない」という信念を貫こうとします。そんな、あきらめない心を持つことが必ず生きる力につながるのです。

それを知った上で――
何をするか何をしないか

あとは川島
――君が決めなさい

▶厳しい現実、それでも川島はあきらめない。

航空救難隊とは？

航空救難隊は、日本の航空自衛隊に所属する、救難救助を専門に行う飛行隊です。本来は、事故などで墜落した「自衛隊機の搭乗員を救助すること」が任務ですが、その極めて高い救助能力から、民間人を対象とする大規模災害や山岳・海難の救助、急患救助など災害派遣任務も数多くこなしています。

３機の救難機（ヘリコプター UH-60J）と、２機の捜索機（ビジネスジェット改造機 U-125A）を装備した10隊の救難隊と、大型ヘリコプター(CH-47J)を装備した４隊の空輸隊が各地に配備されており、24時間いつでも出撃可能な体制が取られています。

隊には、「That others may live（他者を生かすために）」という活動の目標があり、自分と隊員の命を守りつつ、その上で、あきらめない心で最善をつくすことが隊員には求められます。

著者プロフィール

トミイ大塚
神坂一のライトノベルを原作とする『スレイヤーズすぺしゃる』、学習漫画『週刊マンガ日本史　ジョン万次郎篇』『ホークウッド』など、オリジナル要素を持ったコミカライズ作品を数多く手がける。

明治の大災害と正岡子規

「大水の刈田は海の如くなり」
「小石やら雨やら野分顔を撲つ」
正岡子規

▲1896年の北信の大洪水の様子を描いたもの（「風俗画報」特集号より）。

明治29年の大災害は東京を海に変えていた。

2011年の東北大震災、2016年の熊本地震と日本における大災害が、ニュースや話題にあがることが多くなっています。しかし日本列島を大きな地震、災害がおそった記録は昭和、大正、明治、江戸と時代をさかのぼっても常に減ることはありませんでした。日本が地震大国といわれるゆえんです。

明治時代の最大の災害といわれるのは1910年（明治49年）の明治東京地震です。次にあげられるのは1896年（明治29年）の大災害でしょう。

この年は6月に明治三陸地震による津波、7月に新潟、北信の大洪水（横田切れ）、9月に関東地方を襲った台風の被害と大きな災害が立て続けにおきました。ここで取り上げた言葉は、当時東京に住んでいた正岡子規が大水による東京の惨状を詠んだ数多くの俳句の中の2編です。関東地方をおそった大洪水の様子がうかがえます。それを詠んで後世に伝えようとした子規の創作者としての執念が感じられます。

大風と野分

1908年（明治41年）『気象学講和』（岡田武松著）の中に、「颱風」という単語が使われています。それが現在の「台風」になったとされます。

それ以前は「大風」と呼ばれていました。さらに古くは「野分」（のわき、のわけ）と呼ばれていました。また「台風」は英語の「typhoon」やフランス語の「typhon」などからきているとも言われています。ちなみに明治初期は、語意から「大風」と書いて「たいふう」と読んでいたようです。

▲明治三陸地震は津波の被害が大きかった。「風俗画報」は特集号を組んで東北の被害を報道した。

◀1896年10月の大型台風で、隅田川の下流一帯（現在の下町を中心に）が水没した。堤の上を家財を持って逃げる人々が描かれている。

全国の惨状を後世に伝えた雑誌「風俗画報」と正岡子規

正岡子規（1867〜1902）は、愛媛県松山市出身の俳人です。

1892年（明治25年）に新聞「日本」の記者になり、1895年の日清戦争により近衛師団つきの従軍記者として遼東半島にわたりましたが、わずか33日の従軍取材の後、帰船にて吐血、そのまま重体におちいり、神戸病院に入院しました。

その後、一命をとりとめ須磨保養院で療養します。1896年（明治29年）という大災害が続出した年に、療養中だった子規は「洪水」という詩を雑誌「日本人」で発表します。この作品は306行もの長大な作品でした。東京で療養していた子規は、関東の台風の大水の様子しかよく知りません。しかし「風俗画報」などの記事から全国でおこっていた災害を読み取り、そこに掲載されている「図版」からこの詩のイメージをふくらませたのでしょう。

明治時代、東京は大きな台風のたびに、海のようになっていました。下町では洪水の災害用に一家に一艘の小舟が用意されていたほどです。その東京を日本人は治水技術の進歩で今の東京の街並みに変えていったのです。ちなみに関東大震災がおこるのは1923年（大正12年）のことでした。

風俗画報って何？

1889年（明治22年）に、東陽堂（東京日本橋葦町）から創刊された日本初のグラフィック雑誌。特別号をふくめて全518冊が発刊された。

写真印刷の技術が発達していない明治時代に、色分けしたイラストで世上を伝えていき、後に印刷技術の進歩にともない写真が使われるようになった。

特別号には皇族関連や、大災害の状況を日本中に伝える号など当時の重大事件をあつかった号が多い。

◀明治三陸地震津波を特集した「風俗画報」の表紙。

戦中・戦後の災害年表

ここでは、第二次世界大戦中、そして戦後の一定数以上の被災者が出た災害、被災者は少ないものの、その後の社会的・経済的影響の大きい災害をピックアップしました。いわゆる〝人災〟もありますが、被災者の多い事故および、社会的な被害規模の大きい事件は災害としてあつかっています。『数字』は雄弁に被害や影響を語ります。しかし、同時にひとつの〝数字〟の後ろには、数十倍の家族や友達、そして彼らの心があることを忘れてはいけません。科学技術の発達や経済の発展により、減る被害と増える被害があることに注目してみましょう。

年	月日	災害内容
1944	12月7日	東南海地震。マグニチュード7.9。静岡、愛知、三重の東海地方の三県を中心に、1183人の死者・行方不明者が出た。
1945	1月13日	三河地震。深夜午前3時38分に発生。渥美湾中心を震源とするマグニチュード6.8の直下型地震。死者1961名、負傷者3866名、全半壊家屋23776棟を数える。
1945	9月17日	枕崎台風来襲。鹿児島県枕崎市付近に上陸し日本を縦断。(死者・行方不明者3756名)
1946	12月21日	昭和南海地震が和歌山県潮岬沖で発生。(死者1443名)
1947	2月25日	八高線高麗川駅付近で列車が転覆。(死者・行方不明者184名、重軽傷495名)
1947	9月15日	カスリーン台風で関東地方大水害。1910年以来の利根川決壊。(死者・行方不明者1930名、住家損壊9298棟)
1948	6月28日	福井地震。(死者3769名)
1951	4月24日	桜木町事故。桜木町駅構内で発生した列車火災事故。(死者106名、負傷者92名)
1951	10月14日	ルース台風来襲。鹿児島県串木野市付近に上陸し日本列島を縦断。(死者572名、家屋被害22万戸以上)

年	月日	災害内容
1952	4月17日	鳥取大火。鳥取県鳥取市での大火災。(被災者20451人 家屋被害7240棟)
1953	6月18日	立川基地グローブマスター機墜落事故。アメリカ空軍のC-124輸送機が東京都小平市に墜落(死者129名)
1953	6月25日～29日	昭和28年西日本水害。九州地方を中心に集中豪雨が発生。(死者759名)
1953	7月17日～19日	南紀豪雨(紀州大水害)。和歌山県を中心に集中豪雨が発生。(死者・行方不明者1124名)
1954	9月26日	洞爺丸事故。台風第15号により、『青函連絡船洞爺丸』が沈没した海難事故。(死者・行方不明者1172名)
1955	5月11日	紫雲丸事故。宇高連絡船『紫雲丸』が、大型貨車運航船『第三宇高丸』と衝突して沈没。紫雲丸の事故は五度目だった。(死者・行方不明者168名)
1957	7月25日～28日	諫早豪雨。長崎県諫早市を中心に集中豪雨が発生。(死者・行方不明者722名)
1958	9月27日	狩野川台風。神奈川県に上陸、伊豆半島に水害をもたらす。公式名称が付けられた最初の台風。(死者・行方不明者1269名)
1959	12月11日	第二京浜トラック爆発事故。TNT火薬を積載したトラックが砂利運搬トラックと正面衝突。(死者4名 負傷者99名 民家31棟全半壊)
1961	9月16日	第2室戸台風。室戸岬に上陸、大阪湾岸に被害をもたらす。(死者194名、行方不明者8名、負傷者4972名)
1963	11月9日	血塗られた土曜日。三井三池三川炭鉱炭じん爆発。(死者458名、一酸化炭素中毒患者839名)鶴見事故。横須賀線列車脱線事故(死者161名)
1965	6月1日	山野炭鉱ガス爆発。発破作業中に噴出したメタンガスが坑内に充満した後、引火、爆発。(死者237名、重軽傷者279名)
1968	8月18日	飛騨川バス転落事故。集中豪雨により、岡崎観光自動車(当時)所有の2台のバスが、土砂崩れに巻き込まれ飛騨川に転落。(死者・行方不明者104名)
1970	4月8日	天六ガス爆発事故。大阪市営地下鉄谷町線の天神橋筋六丁目駅工事現場で起きたガス爆発事故。(死者79名、重軽傷者420名)
1971	7月30日	全日空機雫石衝突事故。岩手県岩手郡雫石町上空にて、全日本空輸のボーイング727-281型機と航空自衛隊のF-86F戦闘機が空中衝突。(死者162名)
1972	5月13日	千日デパート火災。大阪市南区(当時)千日前の千日デパートで、失火により発生したビル火災。建築基準法、消防法の大幅な改正の契機となった。(死者118名)

年	月日	災害内容
1973	11月29日	熊本市大洋デパート火災。熊本県熊本市の百貨店で発生したビル火災。工事中で防火設備が作動しなかった為被害が拡大した。（死者103名）
1974	11月9日	第十雄洋丸事件。東京湾でLPGタンカー第十雄洋丸とリベリア船籍の貨物船が衝突しタンカーが爆発炎上。タンカーは炎上したまま太平洋まで漂流。消火の術が無かったため、海上自衛隊が魚雷や空爆などにより11月28日にようやく撃沈。（死者33名）
1976	9月12日	9・12水害。岐阜県岐阜市を中心に被害が広がる。（死者・行方不明者は11人、負傷者62名）
1985	8月12日	日本航空123便墜落事故。日本航空定期123便ボーイング747SR-100型が、群馬県多野郡上野村の高天原山の尾根に墜落。（死者520名、生存4名）
1991	6月3日	雲仙普賢岳にて大火砕流発生。当時あまり知られていなかった火砕サージにより、報道関係者、火山学者、消防団員、報道関係者に雇われたタクシー運転手などが犠牲となった。（死者・行方不明者43名、負傷者12名）
1993	7月12日	北海道南西沖地震。奥尻島を中心に、火災や津波で大きな被害。（死者・行方不明者230名）
1995	1月17日	阪神・淡路大震災。兵庫県淡路島北部沖の明石海峡を震源として、マグニチュード7・3の兵庫県南部地震が発生。（死者・行方不明者6437名　負傷者43792名）
1999	9月30日	東海村JCO臨界事故。茨城県那珂郡東海村にある核燃料加工施設で発生した原子力臨界事故。場当り的な作業を許した、ずさんな作業工程管理が原因とされる。（死者2名、負傷者1名、被爆者667名）
2001	7月21日	明石花火大会歩道橋事故。兵庫県明石市で群衆雪崩による事故が発生。（死者11名、重軽傷者247名）
2007	7月16日	新潟県中越沖地震。マグニチュード6・8。柏崎刈羽原子力発電所が運転全面停止。
2011	3月11日	東日本大震災。（死者・行方不明者22010人、建築物全壊・半壊400305戸）
2011	3月11日	福島第一原子力発電所事故。東日本大震災とその津波被害により全電源喪失。これにより、一号機から三号機までが順次炉心融解、水素爆発を起こすこととなった。
2016	4月14日	熊本地震前震発生。マグニチュード6・5、震度7。（死者・行方不明者110名、負傷者2303名　熊本地震全体）
2016	4月16日	熊本地震本震発生。マグニチュード7・3、震度7。

他にもあるぞ！編集部ピックアップ“災害”マンガ

ここまで紹介してきた作品以外にも、災害をテーマにした作品はたくさんあります。その中から、編集部でピックアップした作品を簡単にご紹介します。

- 『劇画 大災害』
  著：堀江卓　発行：学芸書林
- 『激濤―Magnitude 7.7』
  著：矢口高雄　発行：講談社（講談社漫画文庫）
- 『今から始める地震対策』
  著：ヤマトプロテック防災研究会　発行：並木書房（改訂版）
- 『津波から人びとを救った稲むらの火―歴史マンガ 浜口梧陵伝』
  著：クニトシロウ　発行：文溪堂
- 『津波!!命を救った稲むらの火』
  原作：小泉八雲　絵・文：高村忠範　発行：汐文社
- 『日本ふるさと沈没―ORIGINAL COMIC ANTHOLOGY』
  著：鶴田謙二ほか　発行：徳間書店
- 『パーマン』
  著：藤子・F・不二雄　発行：小学館
- 『クレヨンしんちゃんの防災コミック 地震だ！その時オラがひとりだったら』
  著：永田宏和　発行：双葉社
- 『地震のひみつ』
  監修：翠川三郎、瀧本浩一　まんが：吉川豊　発行：学研教育出版
- 『地震のサバイバル』
  著：洪在徹　イラスト：文情厚　発行：朝日新聞出版
- 『ナエガユル』
  著：琴義弓介　発行：少年画報社
- 『コミック昭和史』
  著：水木しげる　発行：講談社
- 『マンガ日本の歴史』第10巻「将門・純友の乱と天暦の治」
  著：石ノ森章太郎　発行：中央公論社

●災害関連 参考文献

『津波、噴火……日本列島 地震の2000年史』(著:保立道久　発行:朝日新聞出版)
『戦後日本の大惨事100』(発行:宝島社)
『日本経済新聞』
『神戸新聞』
『NHKニュース』
『首相官邸公式WEBサイト』(http://www.kantei.go.jp/)
『国土交通省　気象庁　災害をもたらした台風・大雨・地震・火山噴火等の自然現象のとりまとめ資料』
(http://www.jma.go.jp/jma/kishou/know/saigai_link.html)
『警察庁＜東日本大震災について＞』(http://www.npa.go.jp/archive/keibi/biki/index.htm)
『警察庁＜平成28年熊本地震関連情報＞』(https://www.npa.go.jp/kumamotoearthquake/)
『兵庫県＜被害状況・復興の歩み＞』(http://web.pref.hyogo.jp/town/cate3_223.html)
『運輸安全委員会＜航空事故調査報告書＞』(http://jtsb.mlit.go.jp/jtsb/aircraft/download/bunkatsu.html)
『デジタル大辞泉プラス』(https://kotobank.jp/dictionary/daijisenplus/)

監修　宮川総一郎

1957年生まれ。日本出版美術家連盟所属。マンガジャパン所属。執筆書籍には研究書『松本零士　創作ノート』(KKベストセラーズ)、『松本零士が教えてくれた人生の一言』(クイン出版)集英社手塚赤塚賞受賞。学研「学習」でデビュー。漫画作品には『マネーウォーズ』『金融のマジシャン』(集英社)『兜町ウォーズ』(日本文芸社)ほか多数。

漫画から学ぶ生きる力　災害編

発行日 2016年10月30日　初版第１刷発行

●監修　宮川総一郎

●企画／製作　スタジオ・ハードデラックス

●編集製作　オペラハウス

●デザイン　スタジオ・ハードデラックス

発行者　高橋信幸
発行所　株式会社ほるぷ出版
〒101-0061　東京都千代田区三崎町3-8-5
Tel　03-3556-3991　FAX　03-3556-3992　http://www.holp-pub.co.jp
印刷・製本　シナノ印刷株式会社

ISBN978-4-593-58740-7 NDC370 48P 29.7×21cm